に学ぶ

本村凌二
Motomura Ryoji

a pilot of wisdom

目次

はじめに〜世界史のなかのローマ人

俗に耳にするところに「親の意見と冷や酒は後にきく」というのがある。冷や酒の効き目なら若いころでもよくわかる。いい気になってグラスを重ねていたら、帰宅するころに酒がまわり足元がふらつく。それだけならいいが、公園のベンチで眠りこんでしまい、気がついたら財布がなかったことなどなど。思い出したくもない。

それでも親の意見となると、そうやすやすとはわからない。だいたい意見してくれた親の年齢になるころには理解できるのかもしれない。だが、そのころには両親ともこの世にいないというわけだ。

親の口から聞いたことだが、「他人を責める前に自分を責めよ」というのがある。これなど歳を重ねるほどよくわかる。相手が難癖をつけてきたときなど、文句の一つも言いたくなる。でも、それを口に出してしまえば、ただの罵《のの》り合いをくりかえすだけになる。自分の非となる言動は素直に認めてしまうのが賢いのかもしれない。だが、理屈ではわかっていても感情が納得しない。だから、人間はやっかいなのだ。

ましてや親よりもはるか彼方にさかのぼる祖先の意見となると、はたして耳をかたむける気になるだろうか。歴史とは、ある意味では、祖先の小言や説教をなにもかもひっくるめたようなものではないだろうか。そこには人類の経験が積み重なっているのだ。いわば人間の経験知の宝庫でもある。でも、それを開いてみる気になるかどうか。とはいえ、その隠れた宝庫をこじ開けようとした例なら、いくつかはすぐにでも思い浮かぶ。

十六世紀の初めころ、フィレンツェ郊外の山荘に隠棲《いんせい》した男がいた。早朝から樵《きこり》たちの仕事に目をくばり、昼下がりになれば居酒屋で村人たちと雑談し賭《か》け事にふける。だが、男は夜になると正装し古人の書をひもとくのだった。愛読書は古代の歴史家リウィウス作『ローマ建国以来の歴史』である。この古人と語らいながら、男はローマ人とともに生きローマ人の精神を心にしみこませていた。

そのころ弱小のフィレンツェ共和国は倒され、大富豪のメディチ家に支配されていた。男は公職を追われ失意のうちにあった。だからこそ男にとって共和政国家ローマには夢をはせるだけのことはある。男は愛読書をかたわらに並べながら『ディスコルシ（ローマ史論）』を書くのだった。それと重ねてはイタリアの将来を案じていたのだ。

ところが新興国が台頭しているとの噂《うわさ》が流れると、絶大な権力者が統治する強国への夢想が頭をかすめる。わずか半年たらずで男は『君主論』を書き上げたという。男の名はマキアヴェリ（一四六九〜一五二七年）、のちに同書で名高くなる政治思想家である。ローマ共和政に思いをよせ独裁政を嫌悪していたはずだった。その人物がなぜ強権讃美の書を執筆できたのか。そこに現実主義といわれるマキアヴェリ思想の核心があるのかもしれない。だが、マキアヴェリの心の底にローマ人の教訓が息づいていたことはまちがいない。

十八世紀前半、ワインの名産地として知られるボルドー地方に葡萄《ぶどう》農園をいとなむ領主がいた。小作人のささいな言動にも目を光らせ、口うるさく干渉する親方でもある。だが、若いころから学芸によせる関心はひとかたならぬものがあった。三十歳のころイタリアを訪れ、古代に栄えたローマの荒廃ぶりに衝撃を受けたという。やがて四十歳近くになると、三年間、ヨーロッパ中を旅行して歩いた。帰国して村里に隠遁《いんとん》すると『ローマ人盛衰原因論』を書き上げている。

時は、すでに太陽王の異名をもつルイ十四世は没したとはいえ、絶対王政期の重圧がのしかかっていた。だから専制支配をもたらすローマ帝国はどちらかといえば負の意味をもつにすぎない。むしろ帝国支配以前の共和政国家こそが模範とすべきものだった。彼の念頭には独善にも独断にもおちいらない政治的自由への憧れがうごめいていた。そのためには権力を分立させるのが望ましいのだった。彼の名はモンテスキュー（一六八九～一七五五年）、その思索は十数年後に主著『法の精神』として結実するのである。

十八世紀後半のイギリスで、貴族でいながら田舎牧師の娘と結婚しようとして反対されたために一生独身ですごした風変わりな青年がいた。幼いころ病弱だったが読書にふけり、長じても学識の習得に余念がなかった。二十代半ばのころヨーロッパ大陸に渡り、パリで啓蒙《けいもう》思想家たちとも知り合っている。その後、イタリアを旅しながら、やがて運命の日が訪れる。一七六四年十月十五日の夕暮れどき、ローマのカピトリーノ丘にあるユピテル神殿の廃墟《はいきょ》で裸足の修道士たちの晩禱《ばんとう》の声を耳にしたときだった。ある種の霊感におそわれ、

カピトリーニ美術館から見たフォロ・ロマーノ：ローマ人の政治活動の中心地だった

ライフワークの主題が天下ったのである。この青年の名はギボン（一七三七〜一七九四年）、かの名高い『ローマ帝国衰亡史』の着想が生まれた瞬間である。

もっとも刊行されるには十年を超す歳月を要し、第一巻が世に出たのは一七七六年、アメリカ独立宣言の年であった。歴史的洞察をちりばめた格調あふれる文章力のために、ギボンはたちまち歴史家としての名声をなしている。全六巻のすべてが公刊されたのはギボン五十一歳のときであった。

この歴史書のなかで、ローマ帝国の

五賢帝時代（九六～一八〇年）を「人類史の至福の時代」とギボンが評したことはよく知られている。だが、このような称讃のかたわら、平和と繁栄の華やかさの陰に衰退の兆しがひそんでいることも見逃さなかった。そこにもこの歴史書が不朽の名著と讃《たた》えられるわけがある。

二十世紀とともに始まったノーベル賞だが、文学賞は作家や詩人がもらうものと誰もが思っている。ところが一人だけ歴史家が受賞したのをご存知だろうか。ドイツの古代史家モムゼン（一八一七～一九〇三年）は、主著『ローマの歴史』でその栄誉に輝いたのである。しかも、そのときの競合相手が『戦争と平和』の文豪トルストイだったのだから、有無をいわせぬ凄《すご》みがある。

このローマ史の大著を書いたとき、モムゼンは三十代にすぎなかった。今なら学者の卵といわれかねない年齢でしかない。だが、みずみずしい壮年期の筆力はきらめく洞察力と深い学識を感じさせながら、読者を圧倒しつづける。

もともとモムゼンはローマ法学者であり、人物の背景にある国制・社会・文化を描くところに本領がある。だから、人物の評価にもただ印象的な文芸作品から類推するだけではない。碑文《ひぶん》史料も貨幣史料もふんだんに利用される。だが、ときとしてその人物評ははなはだしく極端になることもある。ローマ共和政期にかぎっても、創造力あふれる天才カエサルに比して、ポンペイウスは愚図であり、キケロは日和見《ひよりみ》主義のうぬぼれ屋と酷評される。

今日まで発掘されたり発見されたりしたローマ時代の碑文は『ラテン碑文集成』として編纂《へんさん》されてきた。その営々とした作業の基礎を築いたのもモムゼンであった。いわば現代におけるローマ史学の地ならしをした大学者なのである。そのような学者としての冷徹な分析力がありながら、現世を生きる人間として為政者を見つめる情念のほとばしりを抑えられないでいるのだ。それらがぶつかり合うところに、生身の歴史家としてのモムゼンが読む者の心を打つのかもしれない。

たまたま、イタリア人マキアヴェリ、フランス人モンテスキュー、イギリス人ギボン、ドイツ人モムゼンと並んでしまった。あたかもヨーロッパの主要国から一人ずつ拾いあげたかのように思われるかもしれない。だが、それはまったく意図したことではない。

これらの思想家あるいは歴史家の背景には、彼らと語り合う多くの知識人がおり、それらの著作に親しむ読者がいたにちがいない。彼らの著作は世代を超えてくりかえし味読され、各国語に翻訳され、古典として生き残っている。その事実はもはや否定しようもない。それに気づけば、おのずから自問したくなるのではないだろうか。なぜローマ人はかくも多くの人々の興味をひくのだろうか、と。

二世紀前半、五賢帝の一人トラヤヌス帝の治世にローマ帝国は最大版図に達している。東はアラビア半島から西はポルトガルまで、南はサハラ砂漠から北はスコットランドまでの広大な領土になる。それを囲む国境線の距離を合わせるとおよそ一万キロメートル、地球の円周の四分の一になるという。

帝国領土内の自然環境たるや、目まぐるしく変化にとんでいる。アザラシやアシカのいる氷の海、巨大な森林、広大な草原、雪をいただく山々、アルプスの氷河が連なり、やがて湖と川を通れば、温暖な地中海沿岸にいたる。ローマ人みずから「我らが海（Mare Nostrum）」とよんだ地中海。そこには数多くの島々が浮かぶ。その海を渡れば、対岸には果てしないサハラの砂丘が広がり、さらには紅海のサンゴ礁《しょう》まであるのだ。
そこに生きる住民も多種多様である。金髪のゲルマン系住民、紅髪のラテン系住民、黒髪のオリエント系住民、さらには黄肌のアジア系住民、黒肌のアフリカ系住民もいるのである。それらの住民の数はおよそ六千万人、それがローマ帝国の人口なのである。古代の人口だから正確には測れないが、紀元二世紀ころの地球上の人口の三分の一はローマ帝国領土内に生きていた。

これほど広大で多彩な帝国がありえただろうか。現代になぞらえて思いめぐらせば、こんな世界が念頭に浮かぶ。さしずめ太平洋を我らが海としてみよう。それをとりまく中国、ロシア、アメリカ合衆国が統合されて一つの帝国をなしていた、と想像する作家もいる。そこには、とてつもない巨象が出現する。だが、それに似た巨象こそが世界史のなかのローマ帝国なのである。

この巨大なる地中海世界帝国を築いたのがローマ人であった。だが、もちろんその道のりは一朝一夕ではおさまらない。まさしく「ローマは一日にして成らず」なのである。

伝承によれば、ローマが建国されたのは前七五三年という。イタリア半島中西部にある部族村落が寄り集まって都市らしき集落が生まれる。初めのころは王（rex）とよばれる領袖に率いられていた。王政は七代にわたり、とりわけ後半の三代には隣接するエトルリア系の王が君臨していた。やがて独裁におちいった王政への不満がつのる。前五〇九年、貴族たちは王を追放して自分たちの手になる共和政（res publica）を樹立した。こうして貴族の集団指導体制にもとづく都市国家が世界史の舞台に登場する。

このローマ人の都市国家はたんなる一ポリスにとどまらなかった。みずからの同胞であるラテン人の諸部族・諸国家を征服し、イタリア半島の各地に手を広げて、前二七二年には半島全域を制圧する。その勢いはとどまるところを知らず、西地中海のカルタゴや東地中海のマケドニアの勢力を斥けるのだった。このようにして地中海の全域を掌中におさめ、前三〇年には地中海を内海とする世界帝国が生まれた。

ローマの支配（Imperium Romanum）は皇帝によって統括され、平穏と繁栄の極みを誇る。いわゆるパクス・ローマーナ（ローマの平和）が実現したのである。その平和と栄

ローマ共和政期の理想化された貴族像（前４世紀末　カピトリーニ美術館）。エトルリア王を追放して共和政を樹立したブルートゥス像とも言われる

華の時代はいつまでもつづくかのようだった。だが、その永劫《えいごう》のごとき安寧にもいつしかほころびが見えはじめる。国家の財政危機には経済の混乱がともない、社会不安とともに分裂の危機が迫ってくる。

皇帝たちの度重なる努力もローマ帝国を根本から立て直すことにはならなかった。それまで神々をあがめていた多神教社会だったが、キリスト教を受容することで一神教社会への道を歩みだす。それに加えて蛮族の侵入が相つぎ、その脅威にさらされながら、帝国は東西に分割される。とくに西部では深刻であり、国家そのものの基盤すら失われていく。時に四七六年、ここに西ローマ帝国は滅亡した。

伝説上の建国から西ローマ帝国の皇帝の廃位まで、じつに千二百年以上の年月が人類史上に刻まれている。たしかに、ローマ帝国は広大な地中海世界を統一したばかりか、長期にわたって安定した支配をつづけた。この点では空前絶後の帝国とよんでも過言ではない。だから、この帝国を築いたローマ人の足跡をたどろうとする人々は、あとを絶たないのだ。

なにはともあれローマ人が演じる舞台には目をむけたくなる。そこには、人間の賢さも愚かさも、尊さも卑しさも、高貴さも下劣さも、正義も不正も、善行も悪行も、喜びも悲しみも、美も醜も、幸も不幸も、それらの色とりどりの玉石が汲《く》めども尽きない泉のようにあふれている。

わが国でも、このあふれ出る泉にことさら注目した人物がいる。「ローマ人の歴史のなかには人間科学の素材のすべてがある」という。そう指摘したのは戦後を代表する知識人である丸山眞男であった。丸山は政治思想史の碩学《せきがく》であっても西洋古代史の専門家ではない。しかし、ローマ人の国家にいだいていた彼の直感にはただならぬものがあった。

その指摘を丸山の対談のなかで読んだのは、筆者がまだ駆けだしの大学院生のころである。ローマ史をかじりだしたばかりの身には飴《あめ》にも鞭《むち》にもなる言葉だった。思うところ、ローマ史では「国家という名をもつ文明」をめぐって誕生から成長し死にいたるまで、その変貌《へんぼう》の生態があますところなく演じられたからではないだろうか。これほど起承転結あふれる完結した歴史がどこにあるのだろうか。

周知のごとく、塩野七生『ローマ人の物語』は数多くの読者にむかえられている。そこには作家の力量ばかりではなく、ローマ人への関心の深さと広がりが感じられる。ふりかえれば、幕末維新以来、われわれ日本人は欧米に追いつけ追い越せで汗水流して走りながら、二度も挫折《ざせつ》してきた。一度目は第二次世界大戦の戦敗国となり、二度目はバブル経済崩壊で、その傷跡は今なお残っている。そこでは興隆と衰退、戦争と平和、繁栄と苦難がくりかえされてきた。その汗と涙が、とりわけ酸いも甘いもことごとく受けとめてきたローマ人の歴史への関心を呼び覚ますのかもしれない。

さらにまた、われわれは二〇一一年三月十一日の大地震と大津波、あるいは原発事故による放射能汚染の拡がりという未曾有《みぞう》の国難に見舞われている。このような想像を超えた危機と挫折に直面したとき、ローマ人はどのように立ち向かっていたのだろうか。

　それらを思えば、現代を生きるローマ史家としては、いささか気掛りなこともあり、ふたたび歴史をふりかえって考え直してみたくもなる。やはり祖先の説教に耳をかたむけようとする人々がいれば、なにがしかは語れるのではないか、と筆をとる次第である。

「ローマ史」略年表

西暦	事項
前753	伝承によるローマ建国の年
7世紀末	エトルリア人がローマを支配する（～6世紀末）
494	平民会、護民官の設置
450頃	「十二表法」の制定
343	第1次サムニテス戦争（～341）
338	ローマ、全ラティウムを制圧
327	第2次サムニテス戦争（～304）
298	第3次サムニテス戦争（～290）
287	ホルテンシウス法の成立
280	エピロス王ピュロス、タレントゥムに味方してイタリアに侵入（～275）
264	第1次ポエニ戦争（～241）
218	第2次ポエニ戦争　ハンニバルのイタリア侵入
216	カンナエの戦い　ハンニバル、ローマ軍を全滅させる
202	ザマの戦い　スキピオがハンニバルを破る
168	ピュドナの戦い
149	第3次ポエニ戦争（～146）
146	コリントスを破壊。マケドニアを属州とする。カルタゴを滅ぼし属州アフリカ設置
133	ペルガモン、ローマに遺贈される。ティベリウス・グラックスの改革
123	ガイウス・グラックスの改革
107	ローマ将軍のマリウスの兵制改革
91	イタリア同盟市戦争（～88）
88	イタリア諸市の自由民にローマ市民権の付与。スッラのローマ進軍
82	スッラ、独裁官となる（～80）
73	スパルタクスの反乱（～71）
67	ポンペイウスが海賊を掃討
60	カエサル、ポンペイウス、クラッススによる第1回三頭政治
58	カエサル、ガリアを制服（～51）
49	カエサル、ルビコン川を渡り、ローマに進撃
48	ファルサロスの戦い　ポンペイウスの敗北
44	カエサルの暗殺
43	オクタウィアヌス、アントニウス、レピドゥスによる第2回三頭政治
31	アクティウムの海戦
27	オクタウィアヌス、アウグストゥスの尊称を受ける
4頃	イエス生まれる
後9	トイトブルクの森で、ヴァルス麾下のローマ軍、ゲルマン人に敗れ全滅
14	アウグストゥス死去、ティベリウス即位（～37）
43	ブリタンニアを併合
69	ウェスパシアヌスの即位
79	ベスビオ火山の噴火　ポンペイの埋没
96	ネルウァ即位　五賢帝時代始まる（～180）
101	トラヤヌス帝によるダキア戦争（～106）
117	トラヤヌス帝、アルメニア・メソポタミアを併合。ローマ帝国の版図は最大に
165	ローマ帝国で疫病の大流行（～167）
193	セプティミウス・セウェルス、部下の軍隊に擁立されてローマ皇帝となる
212	カラカラ帝、帝国の全自由民にローマ市民権を与える
293	帝国の四分統治制始まる
313	ミラノ勅令
330	コンスタンティヌス、ビザンティウムに遷都し同市をコンスタンティノポリスと改称
375頃	ゲルマン民族大移動の開始
392	テオドシウス帝、異教を全面的に禁止
452	フン族、イタリアに侵入
476	ゲルマン人傭兵隊長オドアケル、幼帝ロムルスを廃す

（古山正人、中村純、田村孝、毛利晶、本村凌二、後藤篤子 編訳『西洋古代史料集』より作成）

ローマ帝国の最大版図
サルマティア
ダキア
黒 海
ビザンティオン
アルメニア
マケドニア
エーゲ海
エペイロス
小アジア
シリア
アカイア
スパルタ
地 中 海
パレスティーナ
アレクサンドリア
キレナイカ
エジプト

ブリタニア
ゲルマニア
ガリア
イタリア
ヒスパニア
コルシカ
ローマ
カプア
サルディニア
シチリア
カルタゴ
マウリタニア
アフリカ

1　共和政という祖国

しばしば物事は三つに分類される。なぜ三つなのか、定かではないのだが。せいぜい言えるなら、二つでは単純すぎるし、四つでは多すぎて複雑になるというところだろうか。かの偉大なる哲人プラトンさえも、その例外ではない。彼が分類するところによれば、人間は「知を愛する人」「勝利を愛する人」「利得を愛する人」の三つの種類になるという。この三分類法を念頭におきながら、ローマ人をめぐって考えてみよう。

とかくローマ人はギリシア人と比べられる。しかも後輩として先輩とはりあうのだから、のっけから不利な立場にある。学問にしろ芸術にしろ、後輩は先輩に頭があがらない。ただまねているだけ、と軽んじられるふしがある。

たしかに、作品をながめれば、ギリシア人は創造力にあふれ、ローマ人は独創性にとぼしいように見える。アイスキュロス、ソフォクレス、エウリピデスと並べるだけで、ギリシア悲劇には荘重なおもむきがただよう。だが、それらをローマ人に望んでも、むなしい気がするだけだ。ラオコーン像のようなローマ彫像の傑作もあるが、それらもそもそもギリシア人の作品を複製したものが少なくない。こうやってみると、有形無形の表現様式の多くについて、後輩は先輩の物事をまねていると言われても仕方がない。

ところで、このギリシア人とローマ人の政治史を並べてみると、意外にも先輩と後輩と言えるほどの大きなひらきはない。それどころか、双生児ともよべるほど似ているところがある。ことに幼少期はそっくりではないだろうか。

時は前六世紀末のこと。ギリシアの大国アテナイで大きな政変がおこった。

それ以前の時代には僭主《せんしゅ》が君臨しており、まぎれもない独裁政であった。だが、ペイシストラトスなる僭主は頼りがいのある聡明な人物であったらしい。殺人罪で告発されてもあまりにも堂々と自己弁護したから、恐れをなして告訴がとりさげられるほどだったという。自立心のある市民から武器をとりあげたのは不評だったが、貧民に資金を供することも忘れなかった。国民は穏やかに暮らし、国力は充実した。

ところが、僭主の善政などつづくはずがない。強引ではあっても博愛主義者のようなペイシストラトスが亡くなり、息子たちが共同で統治する。兄ヒッピアスと弟ヒッパルコスが二人でやっていたときは、まだしも穏健だった。だが、ギリシアは同性愛がありふれていた国土である。男どうしの三角関係のもつれから弟が暗殺されてしまう。兄だけが君臨し、独善的で残虐な暴政があからさまになる。そのために、反対勢力が暴君の打倒に乗り出し、ヒッピアスは国外に亡命せざるをえなかった。

その後の混乱と政権闘争のなかで、クレイステネスという人物が登場する。前五〇八年、彼は後の民主政の基盤となる大改革を断行する。十部族制を創設し、それにならって評議会も戦士団も編制された。また、市民の住む区域をデーモス（民衆）単位の地方自治体とする。さらに、独裁者になりそうな危険人物の名を陶器の破片（オストラコン）に刻んで投票し国外に追放する制度も定めた。

こうしてアテナイ民主政のための枠組みができあがる。しかし、制度が整備されたからといって、すぐに思惑どおり動き出すわけがない。下層市民にもまた国政に参加する機会がなければならなかった。そのきっかけとなるのが、前五世紀初頭のペルシア戦争である。第一回ペルシア戦争では、参戦したのは重装歩兵の担い手となる富裕市民だった。だが、第二回ペルシア戦争になると、最終段階のサラミスの海戦で下層民が船の漕ぎ手として戦争に参加している。そこで勝利したことは大きな意味をもつことになる。海軍力を支えた下層民もまた戦争にも国政にも関心をもつ市民として登場したのである。

僭主政の打倒から、わずか三十年たらずで民主政に実もなり肉づけもされたことになる。すばやく判断して新しい物事を開発する。このような資質のめざましさでギリシア人にまさる人々がいるだろうか。アテナイの民主政は制度という体裁のみならず、担い手たる人間の血肉にあって燃えたぎるのだった。下層の人々でも国家を運営することを意識するなら、そのとき民主政が名実ともに息づくのである。

一方、前六世紀末、イタリア半島のローマでも大きな政変がおこっている。アテナイと同じように、王政という名の独裁政が倒されたのである。

建国神話のなかの牝狼像（前５世紀　カピトリーニ美術館）。双子のロムルスとレムスの彫像はルネサンス期に付加されたものである

伝承によれば、前七五三年、ローマは牝狼の乳で育てられた双子の兄弟のひとりロムルスによって建国されたという。王政は七代にわたったが、そのうち最後の三人は外来者であるエトルリア人の血をひく王であったらしい。そうとはいえ、五代目と六代目の治世は、ギリシアの僭主ペイシストラトスばりに目をみはるものがあった。とくに六代目のセルウィウスは、湿地帯を干拓し、広場を設け、道路を整備し、掘立て小屋の集落に防壁までめぐらしている。広く貧民にも心をくばるので、人望は高まるばかりだった。だが、人

の世の常、それを妬《ねた》む貴族たちもいたらしい。その輩《やから》にそそのかされたのが王の娘婿タルクィニウスだった。この男は王を殺したばかりか、みずからが王位についたのだから、たまったものではない。

前の王が民衆の信頼を集めていたから、タルクィニウスはあせりにあせった。度をこした人気とりの征服戦争と建築工事に明け暮れる。だが、かえって民衆の反感はつのるばかりだった。傲慢で横暴な男だったから、スペルブス（傲慢な）というあだ名でよばれた。

ところが、スペルブスにはまさるとも劣らないほど傲慢な息子がいた。こともあろうに貞淑で美しい人妻ルクレティアを卑劣な手練手管で強姦《ごうかん》してしまう。自分に抱かれないなら彼女と男奴隷を殺して二人が不義をなしたことにする、と脅したのだ。ルクレティアはやむなく求めに応じるしかなかった。だが、すぐに夫と父に事の顚末《てんまつ》を告げると、みずから心臓に刃をたてて命を絶ったのである。

それほどの蛮行が世に知られないはずがない。その噂が拡がると、圧政にたまりかねていたローマ人の怒りが爆発する。反乱の火の手があがり、タルクィニウス一族を追い出し、みずからの手で国家を樹立する。時は前五〇九年の出来事であった。

そのようにして手にいれた国家をローマ人はres publica（公の事）とよんでいる。やっとのことで独裁者を排斥したのだから、ローマ人にとって国家とはその名でよぶよりほかにありえなかった。その国家の形は後世の人々が共和政として思い描くものだったのだ。その名残《なごり》は、今でもrepublic（共和政）とかrepublican（共和党）という英語の言葉にもとどまっている。

僭主であれ王であれ、しょせん独裁者に変わりはない。この独裁者を打倒するという政変がアテナイとローマでは同時期におこっている。といっても、アテナイはほぼ一世代で名実ともに民主政を実現したのである。それに比べて、ローマはどうだったのだろうか。

独裁者を追放したとき、ローマ人の指導者層はパトリキとよばれる「祖国の父親たち」だった。伝説へさかのぼれば、都市建設者ロムルスを助けた百人の家長たち（patres）にたどりつく。広大な耕地と牧草地を所有する地主農民であり、その後裔《こうえい》たちは由緒正しい血統貴族と見なされていた。

しかし、時とともに平民のなかにも富豪が登場する。彼らもまた貴族となることを夢みていた。独裁者を排除したのは、夢が実をむすぶ絶好の機会だった。血統貴族は財力のある同僚として新貴族をむかえる。これらの血統貴族と新貴族が合わさり、元老院が形をなす。

この元老院貴族の下には大多数の平民《プレブス》がいたことは言うまでもない。これらの平民たちは黙々と元老院貴族の意向に従っただけなのだろうか。後世の歴史家はこう記している。

「父祖から伝え聞くごとく、国家は貴族と平民に二分されていた、と私は信じています。その古い時代には、貴族には最大級の権威があり、平民は人数において圧倒的でした。そのために、国家にしばしば平民の国外退去がおこり、貴族の勢力はしばしば折れて、民衆の権利は拡大されました。とはいえ、平民は次のような理由からも自由に振舞っていたのです。すなわち、いかなる者の権力も法を超えることはなかったし、貴顕の人々は財力や傲慢さによるのではなく名声と勇敢な行為によって無名の人々を凌いでいたからです。どんなに卑賤な者であれ田畑や戦場で誉れを受けることができ、自分にも祖国にも満ち足りた気分でいたのです」(サルスティウス『カエサル宛書簡』)

これだけの文面だが、その背景にはどれだけの歴史があるのだろうか。

ローマ貴族たちの浮彫り（モンテマルティーニ美術館：ローマ）

独裁者がいなくなっても、貴族と平民との身分差に変わりはなかった。平民の男性はパトリキの女性と結婚することもできず、市民総会である民会でも割当て票数があまりにも少なすぎた。数にまさっても、大衆の意見が議決を左右することなどなかった。出征して危険な戦いに勝っても、占領地は貴族の間で分配されたにすぎない。これでは、平民の不満はつのるばかりだった。

もはやできることはストライキしかなかった。彼らはローマ近郊の山に立てこもり、働くこともせず軍務などまっぴらだと叫ぶ。国事への奉仕をなにもかも拒んだのだ。

こうなると近隣諸国も手をこまねいているわけがない。日常生活に支障をきたすどころか、恐ろしい侵略の脅威が迫る。やがて祖国のために帰ってくれと貴族は懇願し、平民たちはしぶしぶ山から降りてきた。

だが、平民の要求がすべて認められるわけではない。平穏になると、また平民は山に立てこもってストライキを断行する。ふたたび貴族は妥協した。ねばり強く執拗《しつよう》にくりかえされる。

そうやって民衆はみずからの要求を貴族に認めさせた。自分たちの代表者となる護民官を擁立し、最初の成文法である「十二表法」も獲得している。やがて、平民のなかには国家の要職につく者も現れ、平民だけの民会の議決が国法として公認されることになる。

この確執は身分闘争とよばれ、二百年もつづいたのである。一方にわずか三十年一世代で民主政を実現したアテナイがあり、他方に七世代も八世代もかかって「民主政らしきもの」を手にしたローマがあった。この「民主政らしきもの」こそが共和政である。

この歴然とした差異を目にしたとき、ローマ人という人間の資質に気がつかないだろうか。人生・自然の原理の学究にふけることもなく、美しい彫刻の製作に精出すこともなく、心ゆさぶる詩歌にかぶれることもない。ギリシア人のように真善美を追い求める気などさらさらないのである。そう言えば大げさかもしれないが、そのような真善美とのふれあいにそれほど喜びを感じることはなかったのだろう。

アテナイとローマは今では空路ならば、二時間ほどで行ける。気候風土にもそれほどのちがいはない。それでも、なぜこのような資質のちがいが生まれたのだろうか。それよりもむしろ、そもそもローマ人はどんなことに関心をいだいたのだろうか。

ローマ人をながめていると、その場その場ですばやく判断し、臨機応変に対処しているわけではない。そんな身軽さは必ずしも得意ではないように見える。彼らの為したことは、しばしばギリシア人ならさっさとすましてしまうことだった。それなら、ローマ人はどんなところに彼らなりの才能を発揮していたのだろうか。

世界史をふりかえれば、ローマ人が才能にも資質にも恵まれない人々だったとはとうてい思えない。小さな部族国家から出発して、近隣諸国を征服しイタリア半島全域を平定し、やがて名実ともに地中海世界の覇者として君臨したのである。地中海沿岸地域だけでも、おそらく千を超えるポリス（都市国家）があったというが、なぜローマだけがこのような世界帝国という偉業を成しとげることができたのだろうか。古来、多くの人々がそう問いかけざるをえなかったし、ここでもその謎はくりかえされる。

その答えの一つとして、ローマ人はなによりも故国の地にこだわったことがあげられる。もともと愚直な農民であるから、腰をすえて土地、家畜、財産を守ることが大切だった。しかも、ひとたび行動にとりかかると、ねばり強く飽くことなくやりつづけ、最後まで成しとげるのである。

エトルリア人の傲慢王の一族を憎んだローマ人はあらんかぎり独裁政を嫌悪している。その執拗さは半端ではなく、反独裁のシステムとしての共和政はその後五百年余もつづくのである。それもこれも、彼らが故国の地、故郷の都市を愛していたからである。

ローマ人にとっての祖国。それこそがギリシア人も創り出しえなかったものであり、ローマ人の唯一の発明品とも言えるのではないだろうか。ギリシア人なら海の彼方にある広い世界に思いをはせる。もともと羊飼いの子孫たちであるから、どこか遊牧民のごとき尻軽なところがある。都市国家が人口過剰にでもなれば、そこを捨てて新天地に都市国家を築くのである。ギリシア人にとって植民地の建設とは新しい国家の創設であった。

ところがローマ人といえば、あくまで故郷の国土にこだわるのである。だから、人口過剰になったとしても、祖国の国土を拡げるほかにない。ただひたすら祖国を強くすることだけがローマ人の願いであった。そのためには身も心もすべてをかける。戦うことも死ぬことも恐れず厭《いと》わなかった。

だから、祖国のために身を捨てて戦った軍人の話にはことさら事欠かない。独裁者を斥けたばかりのころ、ホラティウス・コクレスなる兵士がいた。亡命した傲慢王の求めに応じて、隣接するエトルリア人の勢力がローマに押しよせる。城門から市内に流れこむために、城門の前にあるスブリキウス橋を渡ろうとしたときのことだ。コクレスは二人の仲間とともに橋のたもとに立ちはだかる。わずか三人で戦いながら敵軍をくいとめていた。その間に背後では味方の手で橋が壊されてしまう。だが、コクレスはテヴェレ川に飛びこみ、幸いにも泳いで市内の岸にたどり着いたという。

これらの伝説のどれもが史実を伝えているとはかぎらないだろう。大方は後世に潤色され語りつがれてきたにちがいない。だが、これらの伝説にはローマ人がなによりも大切にしたものが語られている。こと祖国の存亡にかかわるとき、わが身を捨てることより立派なことはないのだと。


このような軍国美談は今日ではまったく人気がない。というよりも、近代の人権思想からすれば、これらの逸話はむしろ忌み嫌われるものかもしれない。しかし、大儀のために身を捨てるという姿には、どんな時代であれ人々の心をゆさぶるものがある。ローマ人にとってかけがえのないもの、それは共和政という祖国であった。彼らはなによりも祖国を発見した人々なのである。

冒頭にあげたプラトンの三分類に戻ってみよう。そこには、ギリシア人とローマ人の差異が浮かび上がってくるのではないだろうか。ギリシア人はなによりも「知を愛する人」であった。それは彼らが人間を愛したからだろう。これに比べて、ローマ人はなによりも

「勝利を愛する人」であった。それは彼らがひたすら祖国を愛したからである。

ちなみに問いたくなることがある。両者がそうならば、「利得を愛する人」とはどのような人々なのだろうか。たちまち目に浮かぶのがカルタゴ人である。海洋国家カルタゴは北アフリカを拠点に海上交易で儲《もう》けに儲けた。事実のほどはともかく、ギリシア人にもローマ人にも「ずる賢いカルタゴ人の輩」と見なされていたらしい。

こうして三者三様だが、いずれが地中海世界を制することになったか。歴史をふりかえれば、もはや自明であろう。

2　カウディウムの頸木《くびき》

誠実で嘘《うそ》をつかない人は好ましい。なかには生真面目すぎて息苦しい印象をあたえる人もいるかもしれない。でも、まず嫌われることはない。

それとは逆に、平気で嘘をつく人間は嫌われる。まして相手に実害がおよべば唾棄《だき》すべき輩と蔑《さげす》まれる。他人事なら詐欺師と笑ってすませられても、わが身にふりかかれば腸《はらわた》が煮えくりかえる思いがするだろう。しかし、それは平穏な日常生活でのことである。事態が戦いのような場面になると、嘘をつくことは咎《とが》められないばかりか、讃えられることすらある。

わが国でも『三国志』は多くの人々に読まれている。大学の構内を歩くと、「三国志同好会」なる立て看板すら目につく。その人気の秘密の一つは虚偽の巧妙さにあるのではないだろうか。たとえば、名高い「赤壁の戦い」の場面でのエピソードをあげてみよう。数にまさる曹操の率いる魏《ぎ》軍に対して、劣勢にある孫権と劉備《りゅうび》の連合軍は手練手管のかぎりを尽くすしかなかった。

曹操の魏軍に決戦をいどむ呉・蜀《しょく》の連合軍には十万本の矢が必要だった。呉の知将・周瑜《しゅうゆ》は蜀の軍師・諸葛孔明《しょかつこうめい》に「十日間でどうにかならないだろうか」ともちかける。孔明は「三日間で用意します」と請け合うのだった。まわりの連中は安請け合いだと心配する。というのも、いったん請け合ったからには、うまくいかなければ信義にもとる。ことによれば、失敗は死罪にも値することだった。

孔明は二十艘《そう》の快速船と一艘につき三十人の兵士を用意させ、船上に青幕をめぐらし、舷側《げんそく》の両側に藁《わら》束を並べさせた。三日目の夜は霧が深くなることを予知した孔明は、船団を出させる。ただよう夜霧のなかを船団が進む。やがて敵陣の船団がいる奥深くへと侵入するのだった。船団が敵陣に接近すると、太鼓を打ち鳴らし、鬨《とき》の声をあげて騒ぎ立てる。

とつぜんの敵の来襲にあわてた曹操の魏軍はしきりに弓を射はじめた。ビュンビュンうなりをあげて矢が飛んで来る。矢のすべては舷側の藁束が受けとめる。さらに奥深く入りこんだ後、船はゆるやかに反転しながら戻りだした。襲来した敵船が撤退していくのだから、曹操軍はめったやたらと矢を射る。船団はゆっくりと敗走するかのように戻っていった。

夜が明けると、帰還した船団の舷側の藁束にはおびただしい数の矢が突き刺さっていた。すべては敵の矢であったが、抜き取られた矢は十万本あまりの数だった。

三カ月後の決戦を唱えた周瑜に弱腰だと反論した黄蓋《こうがい》という武将がいた。これを聞いた周瑜は顔色を変え、黄蓋を棒で打ち据えさせる。背中は血だらけになったが、周瑜は許さなかった。まわりに居合わせた武将たちは見るに堪えなかった。周瑜の恐ろしさと黄蓋の哀れさに慄然《りつぜん》とする思いだった。

長江の陣営では酒豪の曹操が宴会を開いていた。そこに敵たる孫権軍の武将黄蓋が降伏したとの知らせが届く。忠誠心にまさる黄蓋が孫権を裏切るはずがない。ひときわ智謀にすぐれた曹操は自分を欺く「苦肉の計」だと疑いながらも、敵地に潜入させていた密偵たちの報告を待つ。だが、彼らは口々に悔し涙に身をふるわせる黄蓋の無残な姿をくりかえし告げたのだった。

密偵たちの言葉どおりであった。ほどなく黄蓋の降伏状が届く。そこには自分は呉国を裏切るのではなく、国を引きずりまわす新参の周瑜が許せないとの心境がしたためられていた。統率者でもあり軍師でもある曹操は迷いに迷った。最後には黄蓋の降伏を受け入れ、自軍への合流を認めることにした。

そのころ曹操の水軍は、防衛を固くするために、それぞれの船の船尾と船首とを索でしっかり繋《つな》いでいた。すべての艦船が連鎖しており、全体で防塁をなす水上の城塞《じょうさい》であった。そこへ降伏の旗印をつけた黄蓋の船団が近づいてくる。だが、船上にはたっぷりと油をしみこませた薪と枯草が積みこまれていた。

やがて風の勢いが強まり、曹操の水軍が目の前に迫る。黄蓋は「火をつけろ」と命じた。乗組員はすべて小船に乗り移り、火攻めの無人特攻船団が曹操軍に突っ込んでいった。索で繋がれた曹操の大船団はもはや離れられず、火炎が燃えさかり、混乱で収拾がつかなくなった。

あざやかな詐欺や騙《だま》し討ちの戦術ではないだろうか。ただ驚嘆するしかない。歴史家としてはどこまでが史実なのかと思わないではないが、ここではひとまず、気楽に欺かれたままでいよう。東アジアの中原に住む人々のしたたかさは尋常ではないのだ。

ところで、世界を制覇したローマ人だから、さぞかし、このような詐欺や騙し討ちのテクニックにすぐれていたのではないか。そう想像する人も少なくないだろう。だが、意外にも、ローマ人は詐欺のごとき戦術にことさら長けていたわけではない。否むしろ、騙された事例が目につくぐらいなのである。

ローマが近隣のラテン人の勢力を配下にした前四世紀の後半。勢いにのるローマ人の前に立ちはだかったのはイタリア半島中南部に住む山岳部族の人々であった。その地方名からサムニウム人とよばれる勇猛な連中であった。彼らは血気さかんなばかりではなく、血のめぐりのいい頭もそなえていたらしい。

そのころローマ人はサムニウム人の頑強な抵抗にほとほと手をやいていた。当然のことながら、強硬策に出ようとする一派が頭をもたげる。敵地に深く遠征し大攻勢をしかけるのだ、と激しい口調でくりかえされた。主唱者の二人はともに前三二一年の統領《コンスル》に選ばれたのだから、民衆の声援を背にしていた。

サムニウム人を壊滅するまで戦うという決議がなされる。ほどなくローマから東南方に四軍団が進軍した。当時としては大がかりな遠征である。まだアッピア街道もないころだから、行軍そのものが苛酷《かこく》をきわめた。それでもやっとのことで敵地に侵入する。

道すがらローマ軍は家畜の群を連れた少人数の羊飼いに出会った。ローマ人には不案内な地だから、サムニウム人の軍勢がいる場所を羊飼いに問いただす。今ごろはローマの同盟国ルケリアを攻めており、もはや陥落寸前だ、と羊飼いたちは口をそろえて申し立てた。

この情報の真偽を確かめることこそ統率者の役目である。だが、統領《コンスル》の二人はその確認を怠った。というよりも、それなりに確かめたのだが、早々に信じてしまったのだろう。人間は期待することを信じたいものなのだ。強硬な主戦論者の二人にとって、さらに奥深く侵入できるのだから、願ってもない情報提供だったのである。

そもそもサムニウム人にとってもローマ軍との戦いは至難の連続だった。苦戦さらには敗退が相つぎ、もはやローマとの和平と友好を求める気運が高まっていた。だが、時はもはや遅かった。ローマではすでにサムニウム徹底殲滅《せんめつ》の決議がなされており、元老院に遣わされた山岳部族民の使節も追い返されてしまう。

こうなれば、サムニウム人に残された道は、死に物狂いで徹底抗戦するほかにはなかった。老若を問わず、あらゆる男たちが動員される。その部族軍の統率者には知略にもたけた知将ポンティウスが選ばれた。見識深いポンティウスは平原でローマの重装歩兵軍団と戦うのは不利だと気づいていた。だが、鬱蒼《うっそう》とした森林におおわれたサムニウムの丘陵であれば、地勢に不慣れなローマ軍を打ち負かすのも絵空事ではない。まだ整備されていないころの街道だから、いくつもの峡谷があるカウディウムの谷間の隘路《あいろ》に誘いこむことができれば、という策謀が浮かんだ。

じつのところ、くだんの羊飼いはサムニウム兵士たちが変装していたのであり、知将ポンティウスのしかけた罠《わな》であった。なによりも彼はカウディウム峡谷の森林にひそかにサムニウム人の軍勢を配置しておいたのである。

もはやローマ人の軍勢はいい気になって舞い上がっていたのだろう。重い行李を背に担いだローマ兵にはこの行軍はかなりの難行だった。それでも晴天で陽射しが強かったから、谷間の樹々の木陰は疲労した兵士たちには心地よいものだった。静穏な森にはさまざまの鳥がさえずり、泉水の流れる音が勢いよく響いていた。

やがて軍団のしんがりまでもがこの峡谷の隘路に入ってしまう。もはや陽もかげりだすころだった。先頭を進む部隊はとつぜん巨岩と木株で築かれた通行止めの障害物

サムニウム兵士の騎馬像（パエストゥム博物館）

にぶつかる。それを取り除こうとしても、すでに遅かった。気がつくと、障害物の上にも、両側の斜面にも、前後左右のどこからもおびただしい数のサムニウム兵士が姿を現す。出入りする隙間《すきま》もないほど完全に包囲されてしまったのだ。必死になって包囲網を突破しようとしても無駄だった。進退きわまり、袋のネズミであった。もはや目前に迫る死の恐怖がローマ兵をとらえた。

だが、ここで不思議なことがおこった。サムニウム兵は樹木と岩の間をめまぐるしく動きまわるのだが、いっこうに攻めてくる気配がない。昼となく夜となく何日もつづいた。やがて食糧もなくなりはじめ、兵糧攻めかとローマ兵は疑いだす。だが、サムニウム人の側にはある恐れがあった。ローマ兵を皆殺しにすれば、ローマは必ず報復する。どんなことが待ちうけているか、それは首領ポンティウスには火を見るより明らかだった。

ローマ兵を解放してローマとの和平を回復すること。ローマ兵を殲滅せよとの強硬意見もくすぶっていたが、それを押し切って、ポンティウスはローマの統領《コンスル》を談判に招く。もちろん求めた約定は敵対行為をやめること、占領地を返還することである。それとともに、敗者として服従の意を示してもらう。それは槍《やり》の頸木の下をくぐるという儀式刑であった。

それがローマへの帰国の条件だった。

隷従の意を示すために槍の頸木の下をくぐるというのは、とてつもない屈辱であった。そんな恥にまみれるなら、いっそ戦って死んだほうがましだった。ローマ兵たちは口々にそう叫ぶ。それは痛いほどわかっていても、統領《コンスル》の決断はローマ兵を生還させることだった。

しかし、現実は重く厳しい。二本の柱が立てられ、その上に槍の横木がのせられる。その下をローマ兵は一人ずつくぐらされるのだ。兵卒は下着まで脱がされ、士官は勲章も位階章ももぎとられた。まわりで野蛮なサムニウム兵が口汚くののしる。えんえんと屈辱の儀式がつづくのだった。

打ちのめされた帰還兵は薄汚い浮浪者のごとき集団であり、亡霊のような行列だったという。それを見たローマ人の若者は嘆いた。

「敵はローマ人から武器も勇気も奪ったのだ。われわれの誇る高邁《こうまい》な英雄精神は失われてしまった」

だが、それを聞いた経験豊かな元老院の長老は毅然としていた。

「ローマ兵は打ちひしがれて物こそ言わぬが、屈辱感にさいなまれ痛恨に胸をこがしておる。それこそは名誉心と復讐心《ふくしゆうしん》をよびさますにちがいないのだ。この陰鬱《いんうつ》な沈黙はやがて嵐のごとくサムニウム人に襲いかかる。敵どもに頸木の下をくぐらせ、城壁を吹き飛ばしてしまうのだ」

じっさい、そのとおりになる。突きつけられた約定は守るべくもないものとはき捨てられる。新しい統領《コンスル》のもとに軍団が編制されてサムニウムに進撃した。今度は的確な情報にもとづき、敵陣を急襲する。ローマ兵は怒りに燃えながら「ここでものを言うのは勇気だけだ」と叫んだのである。サムニウム兵の屍《しかばね》が重なり、生き残った兵は城壁のなかにのがれた。ほどなく抗戦をあきらめたサムニウム軍はローマ軍に降伏する。数千人のサムニウム兵は首領ポンティウスを先頭に槍の頸木の下をくぐらされたのである。

この「カウディウムの頸木」とよばれる物語は歴史家リウィウスの筆になる伝承である。どこまでが史実かはともかく、後世のローマ人はこれらを父祖の物語として耳をかたむけてきたことは事実である。それらはローマ人にとって精神の滋養の糧であったのだ。

ところで、かの近代政治学の始祖マキアヴェリもまた、いざ合戦となれば騙しも計略も

共和政中期のローマ市街（想像模型　ローマ文明博物館：エウル）

必要なばかりか、誇るべきことだと指摘している（『ディスコルシ（ローマ史論）』）。それにちなんで、カルタゴの勇将ハンニバルが仕かけた計略を二つばかりあげ、さらに前記の「カウディウムの頸木」について言及する。いずれも、ローマ人が仕組んだのではなく、彼らこそ計略にはめられたのだから、どことなく笑いを誘う。むしろ最強を誇るローマ軍すら欺かれたとでも言いたいのだろうか。

さすがに、この「カウディウムの頸木」の物語からも、マキアヴェリは二つの教訓を引き出している。

一つは、なにはともあれ祖国の軍勢を救い出すことであるという。祖国を守るためには恥を忍んで屈辱にも耐える。兵力こそが祖国の中核をなすのだから、この判断は司令官としては正しいことになる。ローマの統領《コンスル》が選んだ方針はまちがいではなかった。軍勢さえ救い出せば、それらの人員がふたたび恥をそそぐ機会が訪れるかもしれないのだ。

もう一つは、サムニウム部族の首領ポンティウスの判断にともなう事態である。ローマ軍を袋のネズミのごとく追いつめておきながら、この知将は判断を誤ったのだろうか。どうしても和平と約定がほしいのであれば、屈辱を強いることなくローマ兵をそのまま解放すべきだったのだろうか。じっさい、ローマの軍勢をそのまま逃がしてやるか、あるいは一人残らず血祭りにあげるか、どちらかだとマキアヴェリは語る。そうすれば、ポンティウスの名声は天下に響いたにちがいないという。恥をかかして逃がすというのは、まったくもって中途半端な方策なのである。

ところが、ポンティウスが恐れたのは、ローマ兵を皆殺しにすれば報復されることだった。だが、屈辱をあたえることは、それにもまして報復の怨念《おんねん》を生み出すことになる。ここにこそ「カウディウムの頸木」が語りつがれてきた真意がある。ローマ人とは、そのような汚名をそそぐことになによりも敏感な人々だった。少なくとも、そのように教育された人々であったのだ。

丸腰で解放されたとはいえ、あれほどの屈辱をあたえられたのである。だから、サムニウム人との約定を守る必要などさらさらないのである。それどころか、負け戦の屈辱は必ずや仕返さなければならない。倍にして報復することで勝ち戦にまして名をあげることができる。


ローマ人は決して連戦連勝であったわけではない。孔明や周瑜が敵であったなら、たやすく欺かれて敗退したかもしれない。だが、ローマ人はその敗北の悔し涙を忘れることはなかった。まして屈辱の恥を受けたからには、用意周到にして徹頭徹尾仕返しして汚名をそそぐのである。

それにしても、想像力をかきたてる東西の歴史物語である。

3　王者の集い

不死の人間などいない。それと同じように、有徳の赤ん坊などいるわけがない。乳をほしい赤ん坊が、忙しそうな母親を思いやって、遠慮することなどありえない。そんな赤ん坊がいたら、とっくに餓死してしまっているにちがいない。だから、赤ん坊はなにかが不満なら泣きわめくし、快くなれば満面に笑みを浮かべる。それが可愛いから、手間がかかっても、親は子供の面倒をみることになる。

ところで、そのような赤ん坊や幼児がそのままの気分で成長したら、どうなるだろうか。成人しても自分の思いどおりにならずわめきちらす奴がいたら、鼻つまみ者だろう。まわりの誰も相手にしないばかりか、あげくの果てに親だって見離してしまう。

だから、人間は成長過程のどこかで自分を抑制すること、あるいは他人を思いやることを学ぶのだ。ところが、その形は千差万別である。でも、偏見だらけの私見によれば、それはおおざっぱに四つに分かれる。

A　自分に甘く他人には厳しい人

B　自分に甘く他人にも甘い人

C　自分に厳しく他人にも厳しい人

D　自分に厳しく他人には甘い人

この逆の順位で人間は徳ある人と見なされるのではないだろうか。Aは乳幼児のごとき不徳の人物であり、Dは聖者のごとく有徳の人物になる。ともかく徳のある人物とはどこか自分に厳しく生きていなければならないようだ。

そうとはいえ、現実に生きていく場面になれば、おいそれと他人を思いやれるわけではない。誰だってわが身がなによりも大切だから、自分に甘くなるのは当然かもしれない。

だから、二十世紀に大きな影響をおよぼした哲学者ニーチェもツァラトゥストラの口を借りて「あなたがたの実力以上に有徳であろうとするな！　できそうもないことをおのれに要求するな！」と語っている。
　超人をめざしたはずの哲人の言葉にしては、なんとも凡人にはなぐさめになる。たしかに大方の人間にとってはこの方が楽かもしれない。だが、すべてがそれでいいのかという思いもある。とりわけ、人間が国家のような共同体のなかで生きるかぎり、それを率いる指導者には凡人の域を超えてもらわなければならない。そう言うは易しいが、行うは難しいだろう。しかし、それをいともかんたんにやってみせた人々がいたのだ。

　前四世紀末、ローマの政治の舞台に登場したアッピウス・クラウディウスという中年男がいた。演説は上手《うま》かったが、軍人としては凡庸な指揮官でしかなかったらしい。大きな戦いで勝利をおさめたのは、たった一度だけだった。このときも、手助けに恵まれたのである。ある有能な将軍が援軍を率いて戦地に到着すると、アッピウスの軍団兵の前で演説をぶって士気を高めてくれたのだ。負けずぎらいなアッピウスは、「あの男はもともと演説が下手だったのに、わしの演説を聞いて上達したのだ」と嫌味たっぷりに言い放った。

ところが、その将軍も負けてはいなかった。「アッピウスよ、貴殿が小生から戦争について何も学ばなかったのは、実に残念だった」と言い返したという。

じっさいアッピウスの属するクラウディウス氏族は尊大さでもって聞こえていた。そのために、アッピウスに対する評価も毀誉褒貶《きよほうへん》さまざまに入り乱れている。ある者は民衆煽《せん》動《どう》家と言い、ほかの者は反動政治家とも言った。たしかに、下層民をも有権者としてすべての地区それぞれにふり分けたりした。というのも、それまで下層民は古い四つの都市区に居住を限定され、そこは登録された人々であふれかえっていたのである。これだけを見れば民衆に公平な配慮をしているように見える。だが、どの地区でも政敵勢力が過半数を獲りにくくする狙《ねら》いがあった。だから、国政の改革者と評価されることもあるが、内実は政権闘争の流れのなかで見るべきだろう。

ところで、なんといってもアッピウスが民衆の支持を集め、やがて後世にまでその名を残した重大な事績がある。それが水道と街道の建設であった。

七つの丘のあるローマには、すでにエトルリア系の王のころから、クロアカ・マッシマとよばれる大下水溝が備わっていた。そこを通ってローマ市街の塵芥《じんかい》がなにもかもテヴェレ川に流れこむ。だとすれば、この川から水を採ったにしても、かなり汚染されていたはずだ。上流にさかのぼるにしても、川沿いにはいくつもの集落が散在していた。およそ飲料水として望ましいものではなかった。もちろん井戸水も使われたが、住民が増えれば、もはや給水は足らなくなる。

前三一二年、アッピウスは監察官となり、大規模公共事業に着手する。ローマの東にある水源地から全長十六キロメートルにおよぶ水道が敷設された。水質を保持し敵の危害から免れるために、水道は地下に埋没するようにつくられている。絶えず豊富で清潔な水がもたらされるのだから、ローマ市民にはこのうえない恵みであった。この後、ローマでは次々と上水道が整備され、水道橋も建設されるのだが、このアッピア水道こそ最初の偉業であった。

同年、アッピウスはもう一つの公共事業を開始する。南のカンパニア地方にあるカプアまで全長約二百キロメートルの街道を敷設した。最短距離で目的地に行けるように、できるだけ直線の道路が走る。土壌や地形にしたがって深い路床をつくり、それに支えられ突堤の上に敷石で舗装された。堅固な基礎が築かれただけではなく、水はけをよくするため

アッピア街道

に中央部がわずかに高くなっていた。みごとな石畳の舗装は百年に一度の改修で充分だったというから驚くしかない。およそ四百年後の博物学者プリニウスは「この大規模な土木工事は奇跡だ」とすら語っている。やがてローマ帝国全土にのべ十万キロメートルにおよぶ街道が敷設されるのだが、このアッピア街道こそはその出発点であった。

水道にしろ街道にしろ、人間生活の基盤をなすインフラストラクチャーである。それが整備されれば、目に見えて便利きわまりないだろう。だが、自分に有利なものは敵にも利をもたらすこともある。

水道が切断されたり有害物質を流入されたりすれば、市民生活はひどく混乱する。また、軍団も物資も最短距離で快調に進めるなら、敵もその街道を通ってより早くローマに接近できるはずだ。まさに諸刃《もろは》の剣なのである。

それにもかかわらずローマ人は水道も街道もどこにもないほど高度なものを実現した。これらを建設する力はどこに由来するのだろうか。そこには敵の存在をものともしないローマ人の自信が感じられないだろうか。自国が発展することへの確信があるのではないだろうか。揺るぎない確信があればこそ、いち早く国家社会のインフラ造りに目が向いたのではないだろうか。それがアッピウスに体現されていたにちがいない。

それだけの確信にあふれるには、それなりの根拠があった。戦いに勝っては領土を併合する。個々の都市とそれぞれに同盟関係を結ぶ。さらに、要所要所には軍事拠点を設けることも怠らない。ローマの勢力拡張は、もはやイタリア半島全域に住む諸民族にとって大いなる脅威であった。時は前三世紀の初めのころである。

イタリア半島の南岸には古来ギリシア人が住んでいた。そこはマグナ・グラキア（大いなるギリシア）とよばれている。ローマの覇権が拡がれば、これらギリシア人たちと衝突する宿命はさけがたかった。だが、この地のギリシア人はラテン語を話すローマ人を蛮族と見なし軽んじていたらしい。

地中海に面した美しい入り江のほとりに都市国家タラントの街がある。ここに暴風雨をさけてローマの船団が錨《いかり》をおろした。ところがギリシア人の暴徒がこの船団に襲いかかり、船を沈め、船員を殺し、捕虜を奴隷として売りさばく。ローマの元老院は使者を派遣したが、その使者にタラントの民衆は汚物を投げて笑ったという。非礼を受けた使者はそのまま祖国に帰った。ローマ軍がタラントの領土に侵入するのに、時はいらなかった。その地はたちまち攻略され、ローマ軍との実力の差は火を見るより明らかだった。

地図をながめれば、イタリア半島南端とギリシア本土はかなり近い。マグナ・グラキアの対岸、ギリシアの北西部にはエペイロス王国があり、そこを治めるのはピュロス王であった。この男はアレクサンドロス大王を気どり野心に燃えていたという。この王にマグナ・グラキアから援軍の要請が届く。さっそく二万五千人の兵と二十頭の象を率いてイタリアにのりこんだ。大王を気どるだけあって、戦術にもたけていた。巨大な牛のような動物を見たローマ人は恐怖に襲われ、敗走してしまう。それは二十世紀なら戦車の出現のようなものだった。

戦況はピュロス王に有利に進む。イタリアの住民は動揺し、ローマを支援することをためらう人々も出てきた。ローマには和平の機運が高まる。ほどなく元老院の特使ファブリキウスが派遣された。この男には賄賂《わいろ》にも脅しにもたじろがない高貴さがあった。そのせいで、彼の正義感と胆力とが尊敬の念をおこさせたという。ピュロス王はファブリキウスにローマ人捕虜を連れ帰ることを認める。ただし、講和がならなければ捕虜全員をピュロス王のもとへ戻すという条件つきだった。

そのとき、すでに引退して盲目の老人となっていたアッピウス・クラウディウスが登場する。彼はかねてより「ローマ人は平穏なときよりも困難なときの方が信頼できる」と言っていたという。強大な国家は困難になるほど力強く振る舞い、平和がつづくと気力がなえてしまうことに気づいていたのである。

彼の耳にもイタリアに侵入したピュロス王からの和平案があったとの噂が届く。しかも、イタリア住民の寝返りを恐れる元老院はこの和平案に応じるつもりだともいうのだ。アッ

フォロ・ロマーノにある元老院議事堂（共和政末期に建設されたという）

ピウスはもはやじっとしていられなかった。息子たちにつきそわれ元老院議場での発言を求める。
「わしはもはや目は見えないが、耳も聞こえなければばと思うほどだ。あんなピュロス風情の和平に応ずるとは何事なのか。ローマの名声をだいなしにすることはなはだしい。常日頃、諸君が全人類に言いふらしていた文句はどこに行ってしまったのか。〝もしかのアレクサンドロス大王がイタリアにやって来て、われわれの父祖と戦っていたとしたら、今ごろ彼は無敵と讃えられるどころか、敗走して、ひょっとしたら命を落としていたかもしれないのだ〟と。あの気概はどうしたのだ」（プルタルコス『英雄伝』「ピュロス伝」）

古老の心意気はローマ人をふたたび戦争の情熱にかりたててしまう。派遣された和平の使節は送り返され、帰国後こう報告する。

「私には元老院は数多くの王者の集まりのごとく見えました」

ローマ貴族の集まる元老院は有能な王者のごとき勇将にあふれていたという。

もちろん、ファブリキウスが約束したとおり、ローマ人捕虜は一人残らずピュロス王のもとに戻された。それは王者にふさわしい態度であった。

ほどなく、船出しようとしたピュロス王の陣営にファブリキウスの使者がやって来る。使者はファブリキウス宛の一通の書簡をたずさえていた。差出人はピュロス王の侍医であった。そこには「多額の報酬をいただければ、王を毒殺してみせる」という恐ろしい文面が記されていた。王はそれを読みながら、深い感動をおぼえた。そして思わず叫んだという。

「なんという正義の男だろうか。このような人物がいる国は決して滅びることはないのだ」

元老院議事堂の内部。賛成派と反対派が左右に分かれて議論した

その文句が実を結ぶかのごとく、やがてピュロス王は撃退されてしまう。長靴の形をしたイタリア半島の踵《かかと》と爪先までがローマの支配下に入ったのである。このイタリアの覇者ローマを牽引《けんいん》したのが元老院貴族であった。

ローマ人はしばしば「獅子《しし》を将軍とする鹿の軍隊の方が、鹿を将軍とする獅子の軍隊よりも、恐るべし」と語っている。指揮官が毅然として力強ければ、兵卒は動じることなくそれに従うのである。この格言はまさしくリーダーシップの核心をついている。

共和政国家ローマの牙城《がじょう》は元老院である。そこは経験と英知にあふれる貴族たちの「王者の集まり」と見なされていた。威信に満ちた元老院には獅子のような王者があふれていたのだ。どれだけ史実であったかはともかく、異国人の目にそう映ったことは疑いない。

アッピウスは戦争指揮官としては凡庸であった。だが、水道や街道のような国家社会の基盤づくりには非凡な能力を発揮する。その威信があればこそ、その発言は人々を動かした。また、ファブリキウスは頑なほど正義を貫いている。その毅然とした態度は敵国の王の心さえも揺り動かすのだった。

アッピウスやファブリキウスのような人物が例外であったわけではない。ことあれば、彼らのような揺るぎない信念をもつ人物がいつでも出てくるのだ。彼らの言動は大勢の民衆をも確信に満ちた気分に変える。

このような有徳の人物はなによりも自分に厳しい人間でなければならない。それが自分の実力を超えるほどのものであっても、さらりとやってのける。わがままな幼児が自分を抑制する大人になる。そこまでなら多かれ少なかれ誰でもやっている。でも、厳しく自己を律するとなると、おいそれとできることではない。恐れずひるむな、勇敢であれ、無欲になれ、公正であれ、他人に配慮せよ。いずれ一つでも行為としてできるなら、それは立派な人物であろう。ましてそれらの徳をかねそなえることなど、とうてい叶うことではない。だが、ローマ人はその種の人材に事欠かなかったらしい。少なくとも、有徳であることを望む人々がどこにでもいた。共和政国家ローマを率いる指導者層には、そのような精神を育むなにかがひそんでいたのだろう。

4　「ローマの楯《たて》」と「ローマの剣」

物を動かすには財力がいるし、それも大きいほどいい。そこで他人の財力を見こんで証券市場が誕生する。ロンドンに株式取引所ができたのは十八世紀末のことだった。株価は変動するから今後のことを予測しなければならない。それはギャンブルそのものでもある。

だから、近代資本主義発祥の地に住むイギリス人は賭けることを好む。公認のブックメーカー（賭博《とばく》屋）なら街中どこにもある。ルールはただ一つしかない。他人の不幸に賭けてはいけない。たとえば、エリザベス女王は何歳で逝去するか、今年の交通事故での死者は何人か、などはギャンブルの対象にならないのだ。

だから、競馬、サッカー、F1はもちろん、なんでも賭け事になる。王室に生まれる赤ん坊は男児か女児か、党首選で勝つ候補者は誰か、など、それぞれにオッズ（賭け率）がつく。党首選のオッズなどメディアの政治観測よりはるかに正確なことがある。その原因を尋ねられたブックメーカーの幹部の回答には思わずうなってしまう。「この予測には金がかかっていますので、われわれは他人様より真剣に政治を考えるのです」と。

ところで、前二七〇年ごろのシチリア島の高い山に登って、広く地中海を見下ろしてみよう。この地中海を制するものは誰であるだろうか。アレクサンドロス大王の余韻が残る後継国家のマケドニア人か、それとも大国時代の遺産をひきつぐエジプト人か、あるいは西地中海に覇権を唱える海洋国家のカルタゴ人か、さらにはイタリア半島を制覇して勢いにのるローマ人か。あくまでこの時点に立って予想するなら、誰も確信をもって語ることはできないだろう。

そこで、ブックメーカーなみにオッズをつけていいなら、私は「地中海世界制覇ステークス」の本命カルタゴに二倍、対抗ローマに四倍、あとはマケドニアに八倍、エジプトに十二倍をつける。後世の人間には結果がわかっていても、当時の人々にはそれくらい予測のつかないことだったのではないだろうか。

前二六四年、本命カルタゴと対抗ローマが刃を交えるときが来る。その戦いの舞台は地中海の真ん中に位置するシチリア島であった。農耕民のローマと海洋民のカルタゴ。ろくに船の造り方も扱い方も知らなかったから、ローマははじめのころ大苦戦だった。あるときカルタゴ船が座礁し、その船を手本として反撃に出た。砲撃戦のない時代だから、船と船との体当たりか、敵艦に乗りこんでの戦闘で雌雄を決するのだった。

完勝完敗のくりかえしだったが、最後はカルタゴの輸送船団を壊滅させたローマが勝利する。カルタゴは賠償金を支払い、シチリアの領土を放棄した。この戦いは第一次ポエニ戦争とよばれている。カルタゴはフェニキア人の国家だから、それをラテン語風にローマ人はポエニ人とよんでいたからだ。

ポエニ戦争と言えば、誰もがハンニバルを連想する。のちに世界帝国となるローマを苦しめたカルタゴの名将である。今でもチュニジアの首都チュニスの国際空港はハンニバル空港とよばれている。だが、ハンニバルが歴史に名を刻むほどの人物になったのは、実父である勇将ハミルカルがいたからだ。彼は第一次ポエニ戦争の将軍の一人でもあった。この男はローマ軍にとって生半可なことでは手におえる相手ではなかったらしい。

カルタゴ市の中心だったビュルサの丘から軍港・商港跡を見渡す

戦後、新天地を求めて、ハミルカルはイベリア半島に渡った。もちろん幼いハンニバルは父に付き従っていく。やがて、父も義兄も死去すると、二六歳のハンニバルが歴史の舞台に登場する。

前二一八年、ローマとの境界線を越え、長征がはじまる。ほどなくピレネー山脈を越え、アルプスの麓にたどりつく。初冬の厳しい時期に象を引きつれアルプスを越えた物語はあまりにも名高い。さらに、ハンニバルは劣勢の軍勢で次々とローマ軍を圧倒する。『戦争論』を書いたプロイセンの軍人クラウゼヴィッツも、かのナポレオンも称讃してやまない戦術の天才であった。

「危険に立ち向かうとき、こよなく大胆であり、危険のただなかにあっても、ひときわ思慮深かった。どんな艱難にも身体は疲れを知らず、精神はくじけることがなかった。暑さにも寒さにも同じように耐えることができた。飲食の量は欲望にまかせず、自然の必要に応じていた。昼に働き夜に眠るというわけではなく、仕事をして余った時間が眠りにあてられた。眠るにも、柔らかな寝床も静寂もいらなかった。戦地にあっては、兵士の外套をかぶって大地に寝ころんでいた。それを目撃した人々は多く、また、しばしばだった。衣服は同じ身分の者のなかで少しも目立たなかったが、武具と馬はきわだっていた。騎兵の間でも歩兵の間でも同じように群をぬいてすぐれていた。人に先んじて戦場に赴き、いざ戦いになれば最後に戦場を去るのだった」（リウィウス『ローマ史』22巻）

この描写は敵であるローマ人の歴史家の筆になるものであるから、まんざら誇張されたばかりではないだろう。史実はともかく、ハンニバルが将軍の器としてこのうえなく人望を集めていたことは疑いえない。ローマの歴史家もやはり彼には一目おかざるをえなかった。

たとえば、ローマの大軍を前にして、ハンニバル軍は敗走するかのように逃げ出したことがある。だが、トラシメヌス湖畔に来ると、ゆっくり進んだ。そこは一方には急勾配《こうばい》の丘陵地がそびえ、他方には深い湖水が静まりかえっていた。朝靄《あさもや》がかかる湖畔の細い道に、勢いづき追撃するローマ軍の長い縦列がつづく。とつぜん、沿道の茂みのなかからカルタゴ軍が襲いかかった。夜の間にハンニバルは兵をひそませ、待ち伏せしていたのである。ローマ軍はなす術《すべ》もなく、ほとんど全滅したのである。

それにしても、ハンニバルという戦術家の器量は度外れだった。それまでローマ人が経験したこともないものだった。あまりにも大敗つづきだったために、ローマは非常事態におちいる。そして、名門貴族で人望のあるファビウスが半年だけの独裁官に指名された。

ところで、中国古典の『孫子』の兵法には「兵は拙速を聞くも、未だ巧久を睹《み》ざるなり」とある。戦争にはまずいところがあっても迅速に切りあげることはできるが、完璧を期す余り長びいてしまったという例はないというのだ。ところが、ユーラシアの西側にはその例外があったのだから、歴史はおもしろい。

ファビウスはハンニバルとまともに対決するのは愚かだと気づいていた。作戦といえば、毅然として無為に徹する。正面きっての合戦を避け、即かず離れず、ひたすらハンニバルの尻を追いかけるだけだった。そのせいでコンクタトル（ぐず）のあだ名がつく。だが、ファビウスは臆病《おくびょう》だったわけではない。大軍を率いれば、物資や兵力には補充がいる。軍事行動の背後にある人と物の流れを妨げ、疲労と飢餓が敵を消耗させるのを待つ。それがファビウスの狙いであった。

このファビウスの意図だが、血気にはやるローマ人にはすこぶる評判が悪かった。だが、さすがにハンニバルはちがった。ファビウスの戦術家としての才覚を見抜いていたのだ。これほど嫌な相手はなかった。それなら逆手にとるのも戦術の一つになる。人望ある統率者が評判をおとしているなら、その悪評にもっと上塗りすればいい。ハンニバル軍は方々の領地を荒らしまわり略奪をくりかえす。だが、ファビウスの領地だけは手をつけなかった。

あたかもファビウスがハンニバルと意を通じているかのようだった。ローマの民衆にし

ビュルサの丘の遺跡

てみれば、怒り狂って罵倒《ばとう》するしかない。だが、ファビウスもハンニバルの策略にのせられたわけではない。さっさと自分の土地を国家に寄進してしまう。この思い切りのよさがファビウスを疑惑の目から救った。やはりファビウスは高潔な人物なのだと人々は思いなおしたらしい。

やがてファビウスの任期が終わり、一線から退いてしまう。だが、ファビウスの作戦にしびれを切らせていた連中も少なくなかった。前二一六年の真夏、イタリア南部のカンナエの平原でローマ軍とカルタゴ軍は正面で向かい合う。ローマ軍は物資も兵力もまさっていた。それは古代最大の決戦にもなった。だが、死者の数は七万人という。それもほとんどがローマ兵であるから、もはや壊滅状態だった。たった一回の合戦でこれだけの戦死者を出したのは、第一次世界大戦以前にはなかったという学者もいるほどだ。

ここまで負ければ、もはやローマは国家存亡の危機におちいる。しかし、負けてもめげないのがローマ人のいいところではなかったか。ほどなく民衆は熱い祖国愛にめざめ、一《いっ》気呵成《きかせい》の反撃戦の気運も高まる。

だが、熱気にあおられて復讐の大攻勢をかけるのでは、敵の思う壺《つぼ》ではないか。さすがに元老院は慎重であり、ファビウスの「ぐず作戦」が見直される。ファビウスはふたたび統領《コンスル》に選ばれ、ローマ軍を統率することになった。

とはいえ、慎重なばかりが能ではない。ファビウスの同僚統領《コンスル》には、勇名とどろくマルケルスが選ばれる。かつてガリア人との戦闘で、マルケルスは一騎打ちの騎馬戦にいどんだ。そこで敵の首領を殺し、その武具を奪ってユピテル神に奉納したという。それは武人としてみれば、とてつもない武勲であり、至高の誉れであった。この至高の誉れにあずかるローマ人は彼以前には三人しかいなかった。彼以後は絶無となるものだった。
マルケルスはシチリア島のシラクサ攻略にのりだす。この王国都市はカルタゴの勢力下にあり、ローマがシチリア島に覇権をおよぼすためにはどうしても手にしたかった。しかも、この都市には古代屈指の物理学者アルキメデスがいて、大型兵器の数々を考案していた。それらはローマ軍を悩ませ、ローマ兵を怖気《おじけ》づかせていた。マルケルスには封鎖作戦しかなくなり、苦戦がつづく。だが、内通者があらわれ、マルケルスの巧みな用兵もあって、前二一二年、シラクサは陥落した。このときアルキメデスが無知なローマ兵に殺害されてしまう。会うことを楽しみにしていたマルケルスはひどく残念がったという。

アッピア街道はまずはローマとカプアを結ぶものだった。南イタリアのカンパニア地方は小麦の栽培にも葡萄の栽培にも恵まれていた。とくにカプア周辺で醸造されるファレルヌム酒は銘酒のワインとしての評判が高かった。輸出されるほどだったから、カプアは比類なく豊かな都市だった。

カンナエ戦の大勝利後、こともあろうにカプアはローマを見くびった。ハンニバルに加勢したから、カルタゴ軍は繁栄する都市に迎えいれられる。兵士たちは贅沢《ぜいたく》な楽しみにふけりだし、軟弱になったという。見かねたハンニバルが「戦に勝っても、これでは敵の思う壺だ。わが兵たちは勇士になるどころか女のようになってしまったのだから」と嘆くほどだった。

数年後、ローマ軍はこの豊かで勢威を誇るカプアを包囲する。だが、ハンニバルはその包囲網を襲撃せずに、ローマへと進軍する。カピトリウムの丘からもハンニバル軍の野営の火が見えるほどになった。しかし、それはカプアからローマ軍を引き離すための陽動作戦だった。それを見抜いていた知恵者ファビウスは民衆を落ちつかせ、あくまでカプアを包囲せよ、とよびかける。民衆はファビウスの言葉を信じ、都のなかで混乱は生じなかった。やがてカプアも陥落する。

ところで、マルケルスはそののちイタリア本土に戻り、ハンニバルと三回対戦した。両軍とも善戦したが、決着はつかなかった。ハンニバルは述懐するしかなかった。「ファビウスはまるで教師のごとき人だが、マルケルスはまさしく敵そのものだ。ファビウスは私の失策に罰をあたえる。だが、マルケルスはいつも私に危害をもたらそうとするのだ」と。

やがて、待ち伏せしていたハンニバル軍の騎兵隊の手で、不覚にも偵察中のマルケルスは殺されてしまう。しかし、ハンニバルは遺体を火葬し、遺骨は子息のもとに届けたという。心ある敵将であればあるほど、その真価を敬愛しながら理解できるものである。

しかしながら、すでにハンニバルは決定的に応ずる術もなくなっていた。イタリア南端部を占領しつづけるだけで、いたずらに時を過ごす。このために、ローマの民衆はファビウスを「ローマの楯」、マルケルスを「ローマの剣」とよび、二人の功績を讃えたのである。

ときにマルケルスの剣で危害をくわえながらも、ファビウスの楯で戦争が長びき、それがハンニバル軍にはボディーブローのように効いてきた。それまで勢力を誇ったハンニバル軍が往時の勢いを失いつつあった。敵地にあって戦争が長びけば、物資や兵員の補充がままならないのは世の常なのだ。世界史のなかでも屈指の戦略家といわれるハンニバルですらも、ローマの楯と剣にはばまれたのである。

大スキピオ像（カピトリーニ美術館）

数年後、かのスキピオが登場し、前二〇二年、北アフリカのザマの地でハンニバル軍を敗北させる。それは電撃のような戦いだった。敵地を急襲したスキピオはローマの楯と剣から貴重な教訓を学んでいたのかもしれない。もっともファビウスは敵地での決戦に反対していたというが、幸か不幸かザマの戦いを知らずに前年にはこの世を去っていた。

ところで、マッチレースとなった「地中海世界制覇ステークス」の実況放送をお聞かせしよう。

本命カルタゴはゲートを勢いよく飛び

出し、対抗ローマは出遅れ気味で追走に手まどっています。第2コーナー（カンナエ）からカルタゴはますます快調に脚を伸ばし、向こう正面ではもはや十馬身以上も離れていきます。第3コーナー（カプア）にかかるとスピードを落として息をぬくカルタゴに徐々にローマが迫ってきました。その差はもはや一馬身から半馬身ほどになり、カルタゴは後ろから突かれる形で両馬がぴっしりと競り合っています。ゴール前に坂（ザマ）が待ちうけています。でも、ハンニバル騎手の手が動いても、カルタゴの脚色にはおつりがありません。ローマはスキピオ騎手の鞭がしなると風を切る矢のごとく抜き去ります。はいはい、ゴールインです。配当は単勝四倍です。

レース後のハンニバル騎手の談話では「私の馬は後ろから突かれ競られる形で消耗させられたのがこたえました。ファビウス調教師とマルケルス調教助手の作戦に負けました」とのことです。

5　父祖の遺風

近ごろの若者はだらしない、というのはいつの世もある大人の苦情。若かりしころの自分たちを懐かしむ中高年か老人たちの常套句《じょうとうく》でしかない。そうとはわかっていても、どうしても気になることが私にもある。とりわけ、乗物の優先席に若者が平然と座っているのはいかがなものだろうか。すいているときならまだしも、混んでいてもまわりに老人がいても、別にひるむ気配がないのである。

私も白髪が目立つようになったが、幸か不幸かこの国では席を譲ってもらった覚えはない。一度だけ経験したのはロンドンの地下鉄でのこと。優先席でもないのに、黒人の若い女性がほほえみながら立ち上がったのだ。そのさりげなさは自然に身についた振る舞いだった。そのような場面をヨーロッパではいくども見かけているせいか、この国の若者を見る目は険しくなる。

「衣食足りて礼節を知る」という。豊かになったはずの戦後の日本だが、残念ながら、どうもあてはまらないようだ。やはり、敬老の心が育まれていない、と思うしかない。そこには躾《しつけ》の問題があるのではないだろうか。ひとことで言えば、厳しく教育されなかったのであり、甘やかされたのである。

わが子の学歴競争には熱をあげる親たちも、躾となるとまるで無関心なのである。なんとか勉強させようとして、ほかのことでは甘やかし放題になる。あるいは、そもそも躾そのものが学校教育の務めであり、家庭教育の問題ではない、と思っている親もいるらしい。

そのような親たちに、かみしめてもらいたい言葉がある。啓蒙思想家であり近代教育学の父ともいえるルソーは、「子どもを不幸にするいちばん確実な方法はなにか、それをあなたがたは知っているだろうか。それはいつでもなんでも手に入れられるようにしてやることだ」（『エミール』）と忠告しているのだ。

なんでもありのローマ人の世界だから、そのような事例にもこと欠かない。パクス・ローマーナ（ローマの平和）とよばれる時代は、戦後の日本と同じように、平穏で豊かな時代であった。五賢帝の二番目になるトラヤヌス帝（在位九八〜一一七年）の治世に、レグルスという悪評高い男がいた。なにしろ遺産狙いの常習者として糾弾されていた。この男ときたら、自分の息子の遺産まで狙ったというから只者ではない。

息子の母親はもちろんレグルスの妻である。おそらくそのころには夫婦は離婚していたし、彼女は死の床にあったのだろう。家父長権の強かったローマ社会では、子どもは父権から解放されて自権者にならないと相続人にはなれなかった。だから、レグルスは息子を解放してやり、母親の遺産継承者にしたのである。さらに、息子に媚《こ》びて自分を相続人に指名させれば、あとは息子よりも自分が長生きすればよかった。このために、彼は息子に放蕩三昧《ほうとうざんまい》を見せつけて甘やかしたのである。若くして増長した息子はもはや自分を制御できない人間になり、早世してしまう。「レグルスの悲嘆は常軌を逸します。……本当に悲しかったのではなく、悲しみを見せびらかしたのです」（『プリニウス書簡集』）

親としては考えられないことだが、レグルスならやりかねなかった。そこには、ルソーが指摘しているように、子どもを不幸にする確実な手段があったし、それを意図してやったのだから凄みがある。

レグルスの場合は極端な事例である。だが、繁栄をきわめる時代に、もはや息子を厳しく叱りつける父親こそがとりざたされている。「この話は、ある父親の厳しい躾の極端な例に警告され、私たちの友情のために、いつかあなたもまた、息子を酷く荒々しく取り扱うことのないようにと願って、書いたのです。彼が子供であり、あなたも子供であったことを考えなさい。あなたが人間であり、そして人の父親であることを忘れないで、父親としての権利を行使してください」(前掲書)

ここには、豊かな社会のなかで甘くなった父親像がひそんでいる、という見方もできる。しかし、ローマ人はもともと厳しい躾とは叱り飛ばすだけではないと思っていた節がある。

きわめつきの国粋派とよばれるカトーという人物がいる。前三世紀末にハンニバルと戦ったスキピオと同時代人であり、救国の英雄スキピオには生涯にわたって敵愾心《てきがいしん》を燃やしたという。だが、カトーは公費を潔癖なまでに無駄遣いしなかったし、汚職に手をそめるなど言語道断であった。公正と正義をつらぬくことにかけては申し分のない人物であった。

カトーのようなローマ人にとって、教育は人任せにできることではなく、家長の仕事でもあった。彼には熱意をもって鍛え上げた息子は傑作でもある。だから、ギリシア人の父親たちが教育に無関心であったことには大きな違和感をもっていた。ギリシアかぶれの風潮を毛嫌いする国粋派とよばれる所以《ゆえん》でもある。このころローマの医者の多くがギリシア人であったために、息子には医者に近づくなと警告するほどだった。

だが、そこから厳格なスパルタ教育ばかりのものを想像しないでもらいたい。カトーは、妻が嬰児《えいじ》を洗ったりオムツをあてたりするときに、傍にいないことはなかったし、「妻や子供を撲る者はもっとも清く聖なるものを汚す者だ」と語っている。さらに、「善良な夫であることを偉大な元老院議員であることよりも高く評価する」とまでもらす。だから、嫌いなギリシア人であっても、哲人ソクラテスが「気むずかしい妻と愚鈍な子どもたちに対してどこまでも穏和だったことだから」と感服するのだった。

大事な勉学であれば奴隷身分の家庭教師に世話を任せず、読み書きでも法律でも体育でも自らの手で教える。また、投槍、武術、騎馬などの手ほどきをするばかりでなく、拳闘術、暑気や寒気に耐える術、川の渦巻きや激流に抗して泳ぐ術も教えた。カトーは自筆の大きな文字で歴史を書いたというが、それも息子に昔の父祖の事績を家にあって学ばせるためだった。そのような思いやりのおかげで、息子は虚弱体質にもかかわらず、鍛えられ

国民詩人ウェルギリウスのモザイク画（バルドー美術館：チュニス）

た美徳をそなえる勇敢な武人に成長したのである。
　ある日、この息子は戦場で自分の剣を失くし、気落ちしてしまう。だが、すぐに気をとりなおし、仲間を引き連れて、ふたたび敵陣にのりこむ。大格闘の末、山積みされた屍体《したい》と武器のなかから自分の剣を見つけ出したのだった。将軍パウルスは若者の勇気に敬服し、父親は息子の名誉心と努力を褒めちぎった。パウルスはカトーと異なりギリシア趣味の当世風の人物であったが、教育熱心なことではカトーにまさるとも劣らなかった。やがてカトーの息子はパウルスの娘と結婚したという。

平静な生活にあるとき、パウルスもまた愛情あふれる父親であった。自分自身も授かった伝統ある教育を息子たちにほどこし、ギリシア風の教育にも熱心だった。ギリシア人の教師として文法家、哲学者、弁論家ばかりでなく、彫刻家、書家、調教師、狩猟家までもが招かれるほどだった。それに加えて、公務に妨げられないかぎり、いつも息子たちの勉学や体育の現場に立ち会ったという。それほどだから、ローマ一番の子ども好きと言われることもあった。

たしかに、カトーやパウルスは類稀《たぐいまれ》なほどに子どもの教育に熱心であったかもしれない。だが、それは決して例外といえるほどのものではなかった。むしろ、ローマ人の教育への熱意と配慮のエッセンスが、カトーやパウルスなどの人格に結晶しているかのようである。

同じような子どもの教育への熱意と配慮は、のちの時代にも見られる。前一世紀のキケロ（前一〇六〜前四三年）は「息子と甥に別の教師を探すくらいなら、むしろ私自身が骨を折ることで彼らに足りないところを補って学ばせた方がよいと思っていたほどである」（「アッティクス宛書簡集」）と語っている。

権力の頂点にある皇帝も例外ではない。アウグストゥス帝は「孫たちに読み書きや水泳、その他の学芸の初歩を、ほとんど自分の手で教えた。何よりも熱心にしこんだのは彼らが自分の筆法を見倣《みなら》うことであった」（スエトニウス『ローマ皇帝伝』「アウグストゥス」）というほどだった。

姪孫の配偶者を探していたティベリウス帝は、ルキウス・カッシウスなる青年に関心を寄せた。この青年は「父の厳しい躾を受けた人だが、実直さより柔軟さで、しばしば本領を発揮した」（タキトゥス『年代記』）のだった。厳しさのなかにも父親の温もりを感じさせる描写である。カッシウス家のような古い家柄は伝統を堅持しており、自分の息子や孫の教育にひときわ意をもちいたのである。

その伝統は、たとえ泰平の世を謳歌《おうか》する二世紀初頭にあっても、諷刺《ふうし》詩人ユウェナリスの筆にもにじみ出る。「最大の畏敬の念をこそ子どもにはもつべきである」（『サトゥラエ』）という指摘は味わい深い。おそらくローマ人の伝統のなかでも根幹をなすものであったのだろう。

古来、ローマ人は子どもが成長し教育される場所は家庭であると考えていたらしい。幼児期であれば、子どもを育てるのは女奴隷ではなく、母親の役割であった。高貴な家庭でも、母親は家にとどまり、子どもの世話をすることを誇りにしていたという。

このような母親の影響は、子どもの生涯にわたって、深い痕跡を刻みこむ。その事例として、シェイクスピア劇にもある伝説上の人物コリオラヌスをとりあげてみよう。彼はローマから追放されると、反旗をひるがえし、敵対する近隣部族を率いてローマ軍を圧倒し城壁を包囲した。再三にわたって攻撃を思いとどまるように使節が懇願したが、コリオラヌスは耳を貸さなかった。ローマは最後の手段に訴えるしかなかった。彼のもとに母と妻を送り説得にあたらせたのである。コリオラヌスは心を動かされ、軍隊を引きあげさせたという。これは伝説であろうが、少なくともローマ人は、コリオラヌスを共和政初期に実在した人物と信じていたのだ。彼らの目には、母親の懇願に負けるコリオラヌスの姿は真に迫るものだったことは確かであろう。

長寛衣《トーガ》を着たバルベリーニ（モンテマルティーニ美術館：ローマ）父と祖父の頭像を左右の手に捧げもっている

幼児期を過ぎて七歳ぐらいになると、子ども、とくに息子は父親の指導下におかれる。父親こそがまぎれもなく真の教育者であった。やがて、地中海世界の覇者となるにつれて、豊かになったローマには、外人や奴隷でも教師の資質をもつ者が多くなる。だが、彼らの活動も父親が果たしていたこととそれほど異ならなかった。

とはいえ、あらためて強調しておくべきことがある。ローマ人より先進国に生きるギリシア人は、まったくそのようには感じていなかったのである。古典に残る作品を見れば、子どもに構いすぎる父親が笑い者にされているほどだ。

喜劇作家アリストパネスは、息子に罵られた田舎親父に反論させている。

「この恥知らずが、おれはお前を育ててやったんだぞ。お前の舌足らずの言葉から、何でもすべて、お前の思っていることを聞き分けてやったのだ」（「雲」）

育児や教育をあたり前のこととして引き受けていたローマ人なら口にしない言葉だったかもしれない。

アリストテレスの愛弟子テオプラストスは人間の生態を軽妙に描いている。そのなかで「無作法」とよばれる人々を並びたてる。

「また、幼子を乳母《うば》からとりあげ、自分がものを噛みくだいて食べさせ、チュッチュッと音を立てて接吻したり、『父ちゃんのお宝』などと呼んだりしながら、これを愛撫する」（『人さまざま』）

まるで父親が育児の場面に登場することが常識に欠けると言っているかのようである。

赤ん坊にオムツをあてることを当然のごとく語るカトーのようなローマ人など、非常識きわまりないと罵倒されたにちがいない。

このようにしてギリシア人の父親と対比すれば、ローマ人の父親が育児や教育の場にいることがよくわかる。だが、ローマ人はやみくもに子どもを甘やかしていたわけではない。彼らには生き方の原型として信じるものがあった。それをローマ人は「父祖の遺風」(mos maiorum)とよんでいた。

「父祖の遺風」はなによりも子弟教育の拠り所であった。どんなふうに考えるべきか、いかに振る舞い行動すべきか、その基準となるものだ。若者に「父祖の遺風」を例示し尊重させること、それが教育者のなすべき務めであった。

もっとも、それだけなら、なにもローマ人にかぎらず、古いギリシア人にもあった。だが、ローマ人が古来の伝統に固執する精神はけたはずれなものだった。およそ新奇なもの、革新させるものはすべてが悪徳でしかない。変化するという事態は悪《あ》しきことそのものであるのだ。だからこそ、古人の詩句によりながら、大雄弁家キケロはこう断じるのである。

「ローマの国はいにしえの慣習と人によって立つ」(『国家について』)

キケロの確信は「父祖の遺風」がすぐれた人々を導き出し、卓越した人々がまた「父祖の遺風」をみがきあげるというところにある。それは世の掟《おきて》であるばかりか、知恵でもあり技術でもあり、生き方そのものでもあった。このような「父祖の遺風」という鋳型にそって自分の子どもを教育すること。それはローマ人、とりわけ貴族階層の父親がなによりも気にとめたことである。

古代地中海世界には、千を超えるポリス（都市国家）があったという。そのなかから、なぜローマだけがそのすべてをのみこむ大帝国をなすことができたのか。古来、人々が問いかけたことだが、その答えの一つは「父祖の遺風」を次の世代に伝える熱意ともいうべきものにある。

これを武人の心構えとして大まかに理解すれば、わが国の武士道に相通じるものがある。だが、それは切腹やら特攻精神やらのこわもての武士道ではない。「礼節をわきまえ、惻《そく》隠《いん》の情を失わず、私心をすてる」というくらいの柔和な武士道である。それなら、いつの世も人が必要とすることではないだろうか。

その意味でとらえれば、新渡戸稲造《にとべいなぞう》の『武士道』は今さらながら味わい深いものがある。

もはやグローバルな視野などということがあたり前の当節だが、その百年以上も前に「太平洋の橋」になろうとした人物だった。だから、『葉隠』にひそむ血がにじむような土着の体臭は消えて、遺風のごとく漂っている。

ローマ人の「父祖の遺風」を『武士道』に重ねれば、グローバル化時代の日本人の心にも共鳴するものがあるのではないだろうか。

6　カエサルという経験

ローマの建国は伝承では前七五三年であり、いわゆる西ローマ帝国の滅亡は四七六年である。一口にローマ史と言っても、千二百年の期間にわたっている。このような長い時間が流れたのだから、そこに生きていた人々の規範や風習に変化がなかったはずはない。前章でとりあげた「父祖の遺風」にもかかわらず、時の移ろいは止めようがない。だから、典型的なローマ人なるものを想定しようとしても、どだい無理なのである。もし仮にできるとしても、いくつかの典型らしきものを思い浮かべるしかない。

まずは、ギリシア文化をはじめとする外来文化にはほとんどなじまなかった前三世紀半ばまでのローマ人である。もちろん、隣接するエトルリア人やイタリア南部に住むギリシア人を通じて先進文明の恩恵にあずかることもなかったわけではない。たとえば、アルファベット文字からして、ギリシア文字がエトルリアに伝わり、それを改良しながらローマ文字が出来上がっている。それらを享受しながらも、ローマ人は純朴で実直な農民であった。それは後にウェルギリウスの農耕詩に詠《うた》われるような自給自足の理想郷として、人々の脳裏にきざまれることになる。

次には、イタリア半島を制圧し、海外への遠征によって属州地を拡大していたころのローマ人である。前三世紀半ばから前一世紀末までにあたる。この時代はすぐれて史料に恵まれており、そこから大スキピオや小スキピオのような剛毅にして威厳をもつ軍人としてのローマ人が思い描かれる。もっとも、ローマ人自身は、かつての質実剛健さが失われつつあることを自嘲《じちょう》気味に語っている。だが、周辺諸民族の人々には、圧倒的な征服者としてのローマ人の姿が目に浮かぶのである。

さらには、支配が確立し、地中海世界に平和が訪れた時代、つまり帝政期のローマ人もまた一つの典型であろう。なかでもその前半期はパクス・ローマーナ（ローマの平和）と讃えられ、繁栄の極みを誇った時代であった。上下水道、浴場、劇場などの公共施設を完備した文明が都市に凝縮され、帝国全土は街道によって結ばれ、商業交易や文化交流が活発にくりひろげられた。そこに生きる人々の姿は、ときには物憂く洗練された貴人であったり、「パンとサーカス」にうつつをぬかす享楽的な平民であったりする。まさに泰平の世が実現したのであり、啓蒙主義の歴史家ギボンは「人類史の至福の時代」とさえ謳《うた》っている。

ざっと見わたしただけでも、このようなローマ人の印象が目につくのである。とどのつまり、ローマ人の歴史にはなんでもありなのだ。ローマ史は歴史の実験場であると言ってもいいかもしれない。クーデターも独裁も革命もあり、君主政も共和政も貴族政も衆愚政もなんでもあり。その興亡史は起承転結がはっきりしており、汲めども尽きない話題がある。だから、かぎられた枚数でローマ史を書くとすれば、なにを拾うかよりもなにを捨てるかということになる。それでも、ローマ人について語るとき、どうしてもふれなくてはならない人物がいる。いうまでもなく、ユリウス・カエサルである。この傑物について語る前に、同時代のキケロにふれておきたい。

キケロといえば、弁論家であり文人であるという印象が強い。なにしろ、膨大な量の演説、論考、書簡を残しているのだから、そう思うのも当たり前のことである。しかしながら、キケロは生涯を通じて、政治家たらんとしたのであり、それよりほかになにも望まなかったという。

いずれの資質にも言えるかもしれないが、ある資質をそなえた人間でも、時代に恵まれる者と恵まれない者がいる。第一人者の政治家たらんとしたキケロは、まさしく恵まれない人間の代表みたいなものだろう。同世代に、卓越した政治家であり軍人でもある男が二人もいたのだから、たまったものではない。もちろん、その二人とはポンペイウスとカエサルのことである。ポンペイウスは同年生まれ、カエサルは六歳年下にすぎない。そのうえ、キケロみずから「私ほど臆病な人はいない、だが、私ほど用心深い人間もいない」(『ピリッピカ』)と言っていたのだから、そもそも激動の時代に勝ち目はなかった。

二十世紀前半を代表するイギリスの古代史家にロナルド・サイムがいる。彼はカエサルのユリウス家が権力の座に上ったことを「ローマ革命」と見なした。ローマ周辺のみならず、イタリア地方都市の豪族たちがこぞってユリウス家を支持したのであり、それが権力の土台を築いたのである。サイムの議論は、おりしもファシズムや共産主義の台頭とともに独裁者の時代が訪れることを予見したところがある。なんでもありのローマ史は、現代史の潮流のなかでも、その時代なりの解釈がなされるのだ。そうであるにしても、共和政末期が大変革の時代であったことは誰もが認めるだろう。

前一世紀、五百年におよぶ共和政の伝統がほころびはじめていた。都市国家はそもそも農耕市民の戦士共同体であったが、これら自由農民の多くはもはや土地を失っていた。自由農民の徴兵制に代わって、志願者をつのる傭兵《ようへい》制が形をなしてくる。そのせいで、傭兵をかかえこむ実力者と兵士たちとの結びつきが強まり、軍団が実力者の私兵となる気配が濃くなっていた。

それまでローマ人どうしが血を流すことはめったになかった。長い共和政の歴史のなかで、「元老院と民衆」の国家は政体の変動があまりないことが取柄だった。そのために、内の消耗が少なく余力を外にむかって発散できたし、大きな覇権が生まれたのである。

しかし、今や内乱につぐ内乱が重なり、実力者たちはさらに大きな権力を手に入れようとひしめき合う。前八〇年代には、民衆派のマリウスと閥族派のスッラの対立が深まり、流血の粛清がくりかえされた。さらに、前六〇年代になると、資産にまさる富豪のクラッスス、武勲にかがやく軍人のポンペイウスとともに、民衆の期待を一身に集める男が登場する。ユリウス・カエサルである。

カエサル像（ナポリ国立博物館）頭髪が薄いのを気にしていたという

カエサルは、前一〇〇年七月、ローマの下町に生まれた。家柄はすこぶる古かったが、資産も人脈もとぼしかった。だが、伯母が当代の実力者マリウスと結婚すると、マリウス派の人々とふれる機会がたびかさなる。一派の重鎮と知り合い、その娘と結婚した。まだ二十歳にならないころのことだった。

やがて、マリウス派と対立するスッラがローマに戻り、粛清がはじまった。時の絶大な権力者の命令を拒んだことから、逆鱗《げきりん》にふれる。まわりのとりなしで、スッラも怒りをおさめたが、はき捨てるように言ったという。「あの若造のなかにはマリウスが何人もいるのがわからないのか」と。

二十歳を過ぎると東方に遊学し、その途中で海賊に捕まってしまう。伝説によれば、捕われている間もひるむことはなく「必ず縛り首にするぞ」と海賊どもに冗談のように言い散らした。ほどなく五十タラントの身代金が届けられ、カエサルは解放される。その後、冗談どころではなく、犯人の海賊を探しだし、磔《はりつけ》の刑にしたという。

カエサルはイベリア半島をいくども訪れている。あるとき、アレクサンドロス大王の彫像の前で泣きくずれ、「アレクサンドロスがすでに全世界を征服した歳になったというのに、自分はなにも注目されるような仕事をしていない」と、己のふがいなさに涙したのである。カエサルがいかに名誉心と自負心にあふれた男だったかを物語って余りある。

コンスル表のなかにＣＡＥＳＡＲの名前を読みとることができる（カピトリーニ美術館）

これらの伝説が史実であるかどうかはさしたる問題ではない。たとえば、海賊を脅した話など、カエサル本人を除けば、知る由もない。本人が言いふらしたとすれば、カエサルが自分のイメージ作りに巧みであったということになる。史実であることよりも、これらの伝説がまことしやかに語られるほど、カエサルが剛毅であり野望に燃える男であったということだろう。

ところで、なによりも注目されるのは、カエサルが人間の世界にひときわ鋭い洞察力をもっていたことである。

人間というものは、現実そのものよりもそうあってほしいと願うことを信じやすい。カエサルはそのことを熟知していた。だから、ときとして彼は民衆の願望どおりに演出してみせるのである。

たとえば、キケロの語るところと比べれば、カエサルの姿が彷彿《ほうふつ》とする。

「一般に、気前のいい人々には二種類ある。浪費家と篤志家である。浪費家が行うのは饗応、食肉分配、剣闘士の興行、祝祭や対野獣格闘技の設営などで、金をつぎ込んだ事業についての記憶は短いあいだしか続かないか、まったく残ることがない。それに対して、篤志家は自分のできる範囲で、盗賊に捕われた人々を身請けしたり、友人のために借金の肩代わりや娘の婚礼資金の援助、あるいは、資産獲得や殖財の手助けをする」（『義務について』）

ここには剣闘士の見世物など一時のなぐさみにすぎず、民衆の軽佻浮薄《けいちょうふはく》におもねることは無駄だという思いがある。その裏には功利的で分別くさい心情がひそんでいたのではないだろうか。

このようなキケロにとって、カエサルのような気前のよい浪費家など理解しがたいことだっただろう。カエサルには、借財をいとわず大盤振る舞いするし、そうしても恩にきせない大らかさがあった。

借金にしろ、誰にでもできることではない。貸す側がカエサルに人間として投資できるほどの魅力を感じなければ、貸せるものでもない。それに、借り手が失脚すれば、貸し手は元手もなくなり、すべてを棒にふってしまう。だから、そうさせないように、またまたカエサルを援助してやまなくなる。その好例がローマ随一の富豪クラッススであろう。

カエサルは長身でおしゃれであり、房飾りのある平服をゆったりと粋に着こなす。派手できっぱりとした態度で人々の気をひきつけてやまない。剛毅でもあり、繊細でも粋でもある。冷淡なときがあっても、ふだんは人情にあつい。そのうえに、警句と毒舌を即妙にあやつり、冗談がうまかった。弁舌もさわやかな語調で、簡潔だったという。キケロでさえ、「一生かかって修辞学を学んでもカエサルに近づくことすらできない」と舌をまくほどだった。人心をつかむのにひときわすぐれていた。

長びく内乱に嫌気がさし暴徒化した兵士たちの前に、カエサルが現れる。よそよそしく「市民諸君よ」と呼びかけると、狂騒の群れは意気消沈してしまう。それまでカエサルは

「わが戦友よ」と呼びかけ兵士たちをしびれさせていたからだった。

ドイツの大歴史家モムゼンは、「これ以上にすばらしい心理学的な傑作は、歴史のなかに見当たらないし、これほど完璧に成功した例もまったく知らない」と絶賛する。このようなカエサルのカリスマ資質は、人間のつながりを自分の方へたぐりよせ、政治的な力として結集するのに大いにあずかっていた。


詳しくはわからないが、ルビコン川は北イタリアにある。古代の人々にとって、そこを渡ればイタリア本土であった。ローマの武将が遠征地から本国に戻ってくるとき、そこで武装解除しなければならない。だから、軍隊を率いたままルビコン川を越えれば、国法に違反する国賊になる。しかし、ガリア遠征を終えたカエサルにためらいはなかった。彼は「賽《さい》は投げられた」と言い切って、ルビコン川を渡ったのである。前四九年一月中旬のことだった。

カエサルは疾風怒濤《どとう》のごとく行動する男だった。その迅速さがこのときほどはっきり出たことはない。ひたすら南へと進撃する。あまりのすばやさに、ほとんど抵抗する者もなく、イタリア半島を制圧する。迎え撃つポンペイウスは兵士の召集に手間どり、歴戦の強兵がそろうカエサル軍に太刀打ちできるはずがなかった。カエサルの卓越した決断力と圧倒的な行動力。そのために、キケロは日和見主義者に映り、ポンペイウスは愚図に見えた。

そこには、この三人の政治家の資質のちがいがくっきりとしていた。ポンペイウスは「自分についてこない者は敵と見なす」と脅した。キケロもしぶしぶポンペイウスの後に従うのだった。だが、カエサルは「誰にも与《くみ》しない者なら味方と見なす」と言ったのである。国賊だったから低姿勢でいなければならなかったにしても、やはりカエサルの方が役者として一枚上だった。

戦場のカエサルは馬で駆けまわり、戦友である兵士たちに、むやみにローマ市民を殺さないように呼びかける。敵軍に加担した名門貴族たちにも温情をほどこし、それらのなかには、のちにカエサルの暗殺者となるブルートゥスもいた。日ごろから敵軍に走った身を肉親のように気づかっていたので、無事な姿を見たときにカエサルはひとしお喜んだという。その後も、誰に対しても処刑も粛清もいっさいなかった。「執念深い怨恨《えんこん》などいだいたことがなく、いだいても喜んで捨てた」というから度量のほどが知られる。

ところで、ポンペイウスは地中海沿岸の各地に遠征しローマの領土を比類なく拡大した。若くして頭角をあらわし、数々の戦勝に輝いた軍人である。しかも、カエサルも認めているように「人柄もよく、暮らしぶりも清廉で、真面目な人物」であった。だから、晩年のポンペイウスはみずからの野心にかられたというよりも、元老院貴族に担ぎ出されたかのような総大将だった。さしもの歴戦の勇将も勝負勘がにぶり、いささか鈍重になっていたのだ。

これに比べれば、カエサルは八年間のガリア転戦後も軍事活動をつづけ、武将としても冴えに冴え、脂ののりきったころだった。政略家としてはカエサルに一目おくにしても、武将としてならポンペイウスもカエサルにまさるとも劣らない。カエサルにすれば、よいときにポンペイウスと対戦したのである。さすがに「運命の寵児《ちょうじ》」を自負していただけはある。

カエサルが最高権力者として君臨したのは五年半にすぎなかった。だが、その期間にカエサルは「文明と未開野蛮の境界線の設定という仕事から、首都ローマの路地の雨水の水

カエサル像（モンテマルティーニ美術館：ローマ）

溜まりを除去させることまで」（『ローマの歴史』）なしとげたのである。

偉大なる英雄と呼ばれる人たちは、ひどく並外れた能力や気質の持ち主であるだろう。もし、そんな英雄が身近にいたら、その立ち居振る舞いは目をみはるものにちがいない。でも、彼らの姿はどこか荘重で近寄りがたいものを感じさせる。アレクサンドロス、始皇帝、チンギス・ハン、ナポレオンといった英雄なら、その姿をこの目で確かめてみたい気がするが、親友になってみたいとは思わない。しかし、彼らに遜《そん》色《しょく》ない人物でも、こいつなら親友になってみたいと思える男がいる。カエサルはそんな人物ではないだろうか。だから、彼はローマ人にとって「わが友カエサル」なのである。

この友は、前四四年三月十五日、共和主義者に暗殺されてしまう。だが、このカエサルという経験があればこそ、やがて人々は共和政の失墜を肌身で容認する気になったのではないだろうか。それは十字架のイエスが復活してキリスト教が生まれた宗教劇のように、大変革の政治劇であったのだ。

7　ローマ人の死生観

ローマ市街には、人波でにぎわう集いの広場がいくつもある。なかでもスペイン広場の幅広い階段には、旅の疲れをいやすかのように若者たちが所せましとすわっている。そこをゆっくりと降りると、小さな噴水が人ごみをかきわけるように目につき、気分を和ませてくれる。

そこからまっすぐテヴェレ川にむかってコンドッティ通りがのびている。お世辞にも大通りとはいえないが、ここは名だたるブランド店が並ぶ目抜き通りなのである。プラダもグッチもヴィトンもこぢんまりとしながらも、イタリアらしい色彩とデザインが雰囲気をかもしだす。

そこを通り抜けて、やや右むきの通りを歩くと、テヴェレ川沿いの道路にぶつかる。その道路の外側には、アラ・パキス（平和の祭壇）をつつむ建物がある。イタリア語ではアラ・パチスと発音すべきだろうが、私にはラテン語風の音がなじむ。

かのカエサルの後継者となったアウグストゥス帝が奉納したのだが、百年にわたる内乱を鎮静してふたたびローマに平和が訪れたことを記念したものである。この建物の土台の壁面は小さな道路に沿っており、その壁面いっぱいにラテン語の碑文が刻まれている。

古代には大文字しかなかったから、まずはRES GESTAE DIVI AVGVSTIという文字が目に入る。訳すと「神皇アウグストゥス業績録」ということになる。初代のローマ皇帝となった為政者その人が自分の治世のなかで実現した事どもを書きつづった重要な記録である。もちろんレプリカだが、内容は帝国内の各地に残った断片を合成してほぼ原文どおりに復元されている。

第二次世界大戦をはさむ時期を時代背景としてファシストの生き様を描いた映画に、ベルトルッチ監督の「暗殺の森」がある。彼の名を一躍有名にした名作である。この映画のラストシーンに近づくところで、このラテン語碑文の壁面を背景に主人公マルチェロがひたひたと歩く場面はことさら印象深い。映画ファンの間では、あれはどこだろうというのが話題になったそうだが、ローマ史に詳しい者にはなじみの場所でしかない。

ローマ在住の作家・塩野七生さんとこの壁面の前で待ち合わせすることがあった。あそこで、と約束すれば、お互いにすぐにわかるというのが心強い。夏でも秋でもない穏やかな夕暮れどきである。夕食の前にバールでひとしきりシャンペンを飲みながら歓談したあと、彼女のなじみのリストランテをめざしていたときだった。曲がりくねった道を歩いて大通りに出ると、とたんに塩野さんが「こうやっていても、みんな消えていくのよね」と口にされた。私は、初めはなんのことやらわからず、「ええ？　どういうことですか」と聞きただしたのだが、すぐに彼女の真意に思い当たった。

この大通りは今ではコルソ通りとよばれているが、かつてローマ帝国の時代にはフラミニア街道という名であった。われわれ日本人には信じがたいことだが、二千年以上も前から、この通りはあったのである。三世紀の卑弥呼《ひみこ》をさかのぼること数百年にもなるのだ。ローマの街道というとアッピア街道ばかりが名高いが、ここは現在の生活にも溶けこみながら人々が歩きつづけているのである。

フォロ・ロマーノ辺りから直線にのびたこの通りをカエサルもアウグストゥスもネロも

歩いただろう。さらに、その後二千年の間にどれほどの人々がここに足跡を残したのだろうか。気の遠くなるような話ではないだろうか。それを思えば、ここを歩いていた人々も次々とこの世から消えていってしまうという感慨もひとしきり身にしみる。とはいえ、酒宴の話題は古今東西におよび、いつのまにか時が過ぎたのである。

小さな村落から始まりながら、やがて都市国家となり、数百年の間に地中海を内海とする大帝国をなしたローマ。世界史上このうえなく強国となった姿ばかりが強調されやすいが、ローマ人は鋼鉄のような精神をもっていたわけではない。人間なら誰にもある苦しみもあり悲しみもある。生身の人間として生きるからには、やがて訪れる死の運命にどのように立ちむかっていたのか、ローマ人の死生観に思いをめぐらすのも悪くはない。

しばしばローマ人は祖国のためには死をもいとわなかったと言われる。たしかに個人よりも公共の安泰を重んじたことは否定できない。とくに貴族の若者たちにとって公共善に尽くすことは、なによりも心をかきたてることだった。だが、わけもなくそうしたのではない。それには、肉親や親族が亡くなったときに、くりかえし心に刻まれる光景があった

ローマのサン・パウロ門にある貴族のピラミッド型の墓

からである。

葬礼の行列には、名高い祖先の顔を蠟《ろう》でかたどった仮面をつけた役者が歩く。また、涙を流しながら、故人の手柄を大声で叫ぶ追悼人がいた。それに、フルートや角笛をたずさえながら、けたたましい舞踏人の一座が加わる。やがて公共広場の演壇に安置された遺体の前で、故人の息子が弔辞を述べる。そのなかでは故人の徳行と業績が讃えられるばかりではなく、父祖たちの輝かしい偉業までもが並べたてられるのであった。それを目にすれば、英雄的功績はあたかも永遠に語りつがれるかのような気分にひたれるのである。

さらに埋葬と葬儀がすめば、故人の肖像が祖先のものと並んで目につく場所に飾られる。この肖像というのは、容貌も容色も驚くほど本人に似せて作成された仮面であった。これらの仮面は、親族のなかの高名な人士が亡くなったときに、背丈や恰好《かっこう》が本人によく似た者がかぶって、葬礼の場に持ち出されるのだった。ギリシア人ポリュビオスは二十年以上もローマに軟禁されていたが、外国人の目で貴顕の人が逝去したときの葬礼の様相を描いている。

「このとき面をかぶる者は、身に着ける衣装も決まっていて、故人が執政官や法務官の経験者なら深紅色の縁取りの付いた服、監察官なら深紅色の服、凱旋式の栄に浴したあるいはそれに匹敵する功績を上げた人物なら、金の縫い目の付いた服をまとう。しかもこの者たちだけは戦車に乗って行進し、その戦車の前には、生前に国家内で占めていた位階の高さに応じて、棒束（ファスケス）や儀斧などそれぞれの官職に付きものの儀礼品が進んで行く。そして演壇の前に着くと、全員が一列になって象牙製のいすに座る。立身を願い名誉にあこがれる若者にとって、これ以上に感動的な光景はめったにあるものではない。偉業を成し名を上げた人々の肖像がいちどうに並び、まるで生命を吹き込まれたかのような姿を見せているそのありさまを見て、恍惚としない者がいるだろうか。これにまさる景観が、いったいどこにありえよう」(『歴史2』)

このような光景を幼いころから若者たちは経験した。その経験が彼らを奮い立たせる。栄誉を手に入れるために、国家に貢献できるのであればいかなる艱《かん》難《なん》辛《しん》苦《く》にも耐え忍ぶという気概がめばえる。公共善に尽くすことが己の義務として心に刻まれないわけがなかった。なかには、公職在任中に家族への自然な

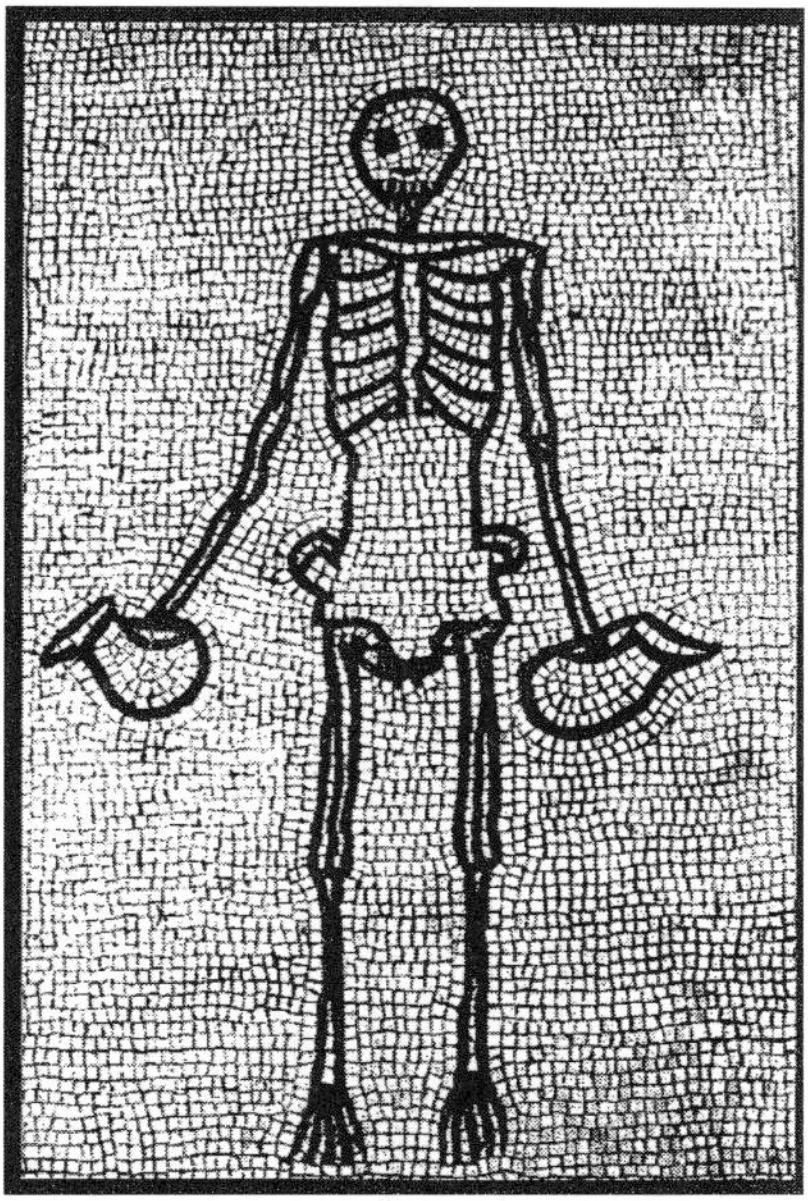

水差しを両手にもつ骸骨のモザイク画(ナポリ国立博物館)エピクロス派の着想と思われる

愛情よりも祖国の公益を重んじる信念のあまりに、自分の息子に死を命じる者すらいたという。

祖国のためなら死をもいとわない、と言えば聞こえがいい。だから、貴族や富豪たちは巨額の資金を投じてりっぱな墓を築いている。死者への畏敬の念からであり、記憶を永遠のものとして印象づけるためでもあった。

しかしながら、異郷におもむいて兵役に就いているときに、死をむかえる貧しい若者もいた。彼らには家族の追悼式もなかったらしい。覇権の拡大期には遠征が途切れることなく行われたから、ふたたび祖国の土をふむことがなかった者も少なくない。征服戦争のなかで敵味方お互いに虐殺がくりかえされた。また、前一世紀の内乱のなかでローマ人は重大な損害を被っている。

おそらく、このような経験がローマ人を精神的に成長させたにちがいない。息子たちが兵士になり、殺したり殺されたりするのである。その危険にさらされていることはますます明らかになった。息子や兄弟が死ぬかもしれない、と想像してみればいい。家族の者たちの心はどれほど乱れただろうか。母親たちが慈しみ育てた歳月のすべてが失われるのであり、息子たちの兵役期間中に母親たちが強いられる心配はどれほどのものであっただろうか。

死の訪れは予測できないものであり、突発的なことも少なくない。その事実に直面したとき、追悼者はどこかに慰めを見出そうとする。いずこかに死後の生命があり、死者との関係をたもてるという観念にとらわれる。

霊魂が不滅であるという観念は前四世紀のプラトンはおろか、前八世紀のホメロスにまでさかのぼる。しかし、それ以前にもたどれるかもしれないほど古いのである。だが、教育の有無にかかわらず、ローマ人も不死の問題に情熱をそそぐときがきた。おそらく、長期にわたる征服戦争を体験した後に訪れたパクス・ローマーナ（ローマの平和）の時代が、そのような情念を引き寄せたのかもしれない。

ある夫は「かけがえのない、最愛の、このうえなく上品で純潔な妻、十三年間の幸福な結婚生活の後に三二歳でこの世を去った妻」のためにお墓を建立している。妻の死はまぎれもない事実であるが、「どんなときも目に入れても痛くない」妻は夫にとって生きつづ

ける と期待する（*CIL* VI 11082）。

死後の生活をめぐって、キリスト教徒はかなり肯定的な態度をとっている。イエスの死と復活を信じる者たちは、自分自身の永遠の生命を期待していた。そのような希望はローマ人の不死への思いが募っていたことと共鳴したのかもしれない。

しかしながら、ローマ人の死生観を考えるとき、死後も生きつづけるという希望はひそやかでしかない。むしろ、死によって無に帰すという観念がなによりも注目される。ある意味では、徹底した虚無感がにじみ出ているのである。

数多く残る墓碑のなかには、韻律を刻む詩の形をとりながら、この世を去る者の死生観や残された者の悲哀をつづるものも少なくない。平和と繁栄の世を享受したローマ人の胸に終焉《しゅうえん》のときはいかなる影となって去来したのだろうか。労苦も快楽も悲しみも喜びもまたたく間に過ぎ去っていくことを感じながら、虚無とともに人生の安らぎやおかしみすら語りかける墓碑もある。

「道行く人よ、私が語るのはわずかばかりだから、立ち止まって読んでおくれ。
ここにあるのは美しい女性のほとんど美しくない墓なのです。
その名を両親はクラウディアと名づけました。
彼女は夫を心から愛していました。
二人の子供を産みました。その一人は
地上に残され、もう一人は地下に眠っています。
楽しげに語り、好ましい足どりでした。
家のことによく配慮しました。羊毛を紡ぎました。
私はもう語りました。行きなさい」（*CIL* I 1007/B.52）

「幸運は多くの人々に多くのことを約束するにしても、
誰にもそれを果たしてはくれない。
日々刻々と生きなさい。

なぜなら、何ものも自分のものとなることはないのだから」（*CIL* I 1010/B.185）

「もし美徳と気概にふさわしい財産を私がもっていたならば、
貴方に立派な墓碑をここに建てたことだろうに。
今や死者となれば誰もが同じ事をよく知るのだから、それで十分ある」

（*CIL* VI 15225/B.204）

「愛苦しい女児を嘆き悲しまなければならぬ。
この子はこの世に生れなければよかったのに、
ゆくゆくはとても美しくなるはずの少女が
この世にやって来て、すぐに戻っていくのが
自然の定めであり、両親の悲嘆であるならば。
彼女は半年と八日間生きていた、
それとともにバラが咲き誇り、すぐに散ってしまった」（B.216）

トイトブルグ森で戦死した百人隊長の墓（ライン州立博物館：ボン）「遺骨は埋められるだろう」と刻まれており、まだ見つかっていなかったのが物悲しい

「道行く人よ、この墓に小便をかけないでくれ、
ここに蔽われた人間の骨がお願いしているのです。
でも、もし貴方がありがたい人なら、
［酒を］混ぜて私に飲ませてくれたまえ」

（*CIL* VI 2357/B.838）

死すべき運命にある人間であるなら、かぎりある命をできるだけ晴れやかに楽しく過ごそうではないか。その諦念《ていねん》のなかには、幕末の熱血詩人ともいえる高杉晋作の「面白きこともなき世におもしろく」の句のような人生観すら感じさせる。

このような生と死をめぐる思いの底にひそむ虚無感を徹底すれば、以下のような墓碑にもなる。

「私が誰かと知りたいというなら、
その返事は灰とくすぶり……」（*CIL* IX 1837）

「われわれは無である。

考えてもごらん、これを目にする人よ、われわれ人間はなんと瞬くうちに、無から無へと回帰することか」（*CIL* VI 26003）

なんという諦念と虚無感がただよっていることだろうか。このような感傷はありふれたものであったから、それは定型の略号すら生まれたのである。それは頭文字だけを使って記されている。

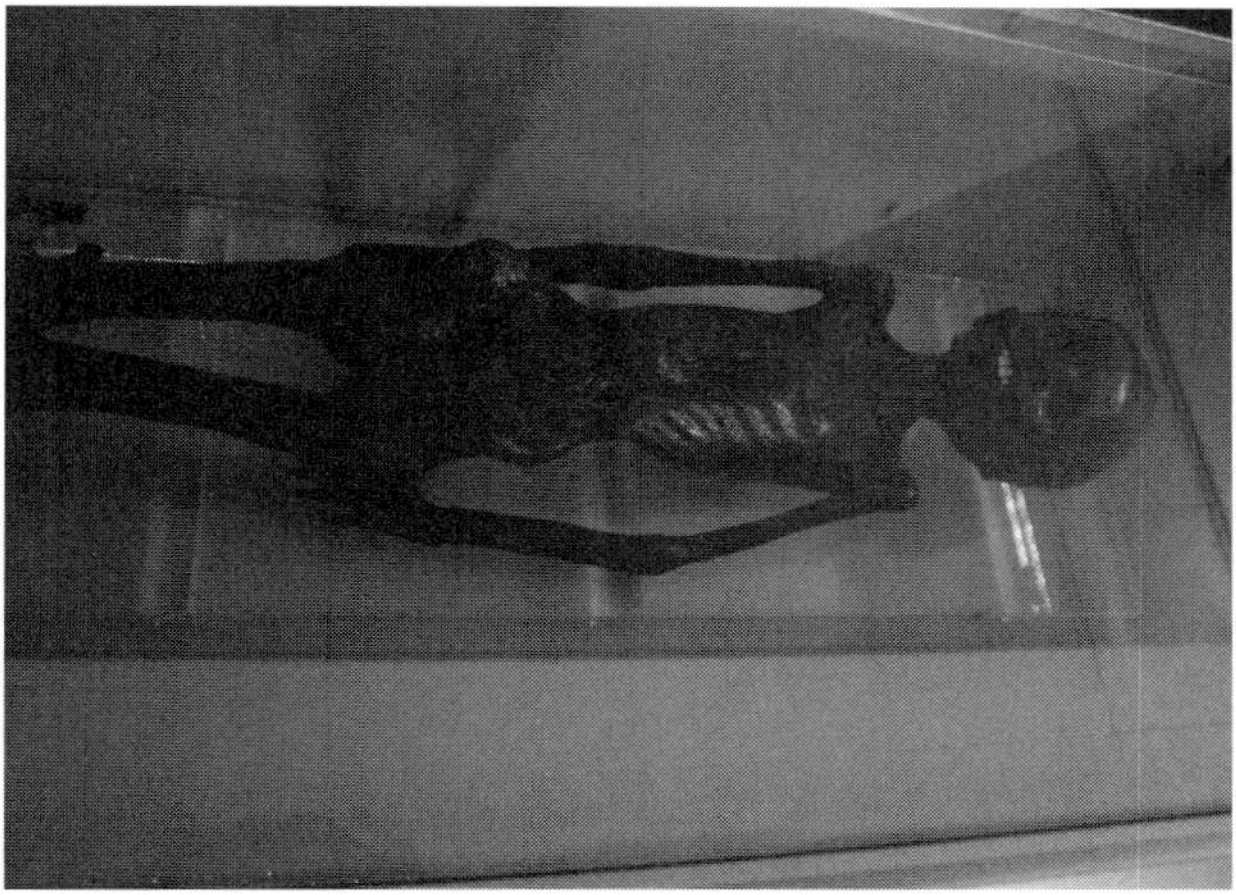
8歳で亡くなった少女のミイラ（マッシモ宮国立博物館：ローマ）絹をまとっていたらしい

NF F NS NC (non fui, fui, nonsum, non curo)

その意味するところは「私は存在しなかった、私は存在した、私は存在しない、私は気にしない」(*CIL* V 2283) となる。

地中海世界に大帝国を打ち立てたローマ人の心に去来していたもの。そのきらびやかさの底に流れる諦念には驚くべきものがある。彼らはローマ法を磨きあげ、土木建築技術の粋を集めるほど現実感覚にすぐれていた。だからこそ、かぎりある生命をより良きものにと願い、栄誉にあこがれ、やがて悦楽を求めたのではないだろうか。そのローマ人もこの世から消えてしまったのである。

8 「棲みわけ」のための哲人と粋人

賀茂川でカゲロウの幼虫を採集するのに余念のない男がいた。夏になると川の水を田んぼに引くので、水量が減ってしまう。それとともに、流速も変わり、水温も上がる。環境が変化すれば、それに応じて、カゲロウの棲む場所も変わってよさそうなのに、春の終わりごろから少しも変化がない。それに気づいた男はカゲロウが「棲みわけ」をなしていることを発見した。生物はできるだけ競争を避け「棲みわけ」を行ない、自分の分際を守っているというのだ。男の名は今西錦司。のちに京都大学教授として「棲みわけ」理論にもとづく生物社会学の体系を打ち出すことになる。

とはいえ、今西理論は、その後、生態学からも進化学からも辛辣《しんらつ》な批判を受けてしまう。でも、その批判に異論を唱える生物学者もいる。福岡伸一『動的平衡』等によれば、生命の振る舞いを目の前で見れば、ダーウィニズムの適者生存だけでは説明できないものがある。むしろ、せめぎ合いと協調とがバランスをとりながら共存しているという。そこには、複雑な仕組みが未完成なまま淘汰《とうた》されずに進化している姿があるわけだ。

このような動物の生態はどこか人間社会の有様と重なるところがあるのではないだろうか。とくに世俗権力の浮き沈みに翻弄《ほんろう》されやすい人々にとって、自分の居場所を定めることがなによりも求められるのだから。

長寿に恵まれたために、アウグストゥス帝の治世は四十年余の長きにわたっている。そのために、後を継いだティベリウスが一四年に即位したとき、すでに五十五歳だった。当時ではもはや老人である。名門クラウディウス家に生まれ、教養もあり、武勲もあった。だが、前帝の威光はあまりにも輝いていた。それに加えて、ティベリウスは陰気な印象をあたえたというから、人々に親愛の念をいだかせなかったらしい。頼るべき友人もいなかったので、いきおい密告者をあてにせざるをえなかった。あとは陰湿な宮廷政治が待ちうけていた。

皇帝の甥にゲルマニクスという若者がおり、後継者に指名されていた。才気煥発にして勇気もあり思いやりもある美青年である。だから、民衆にも人気抜群だった。ところが、ティベリウス帝治世の五年目に、この嘱望された青年が赴任先のシリアで死亡してしまう。人望のない皇帝の妬みをかって毒殺されたという噂が拡がった。

財政引き締めや属州の平穏を評価すれば、ティベリウス帝の行政手腕には見るべきものがあった。だが、この皇帝の高慢で冷酷な気質には、当時のローマ人はほとほと嫌気がさしていたようだ。三七年、ティベリウス逝去の報が入ると、民衆は小躍りして喜び、「ティベリウスをティベリス川に」投げこめと叫ぶ輩もいたらしい。もちろん、陰謀疑惑や密告に悩まされた元老院議員たちこそが誰よりもほっと胸をなでおろしたにちがいない。

人気絶頂で変死したゲルマニクスの人気は死後もまったく衰えなかった。いきおい若い息子のガイウスに期待が集まる。兵士たちからカリグラ（幼児用の軍靴）の愛称で親しまれていた。ところが、治世当初はおだやかだったが、すぐに残虐きわまりない狂気じみた性格があらわになる。精神疾患による露出的サディストという後世の診断もある。そのような傍若無人の暴政がいつまでもつづくわけがない。やがて側近の恨みをかい、あえなく二十九歳の若さで殺害されてしまう。

暴君カリグラを経験したことはローマ人にはたいへんな衝撃だった。元老院では共和政への復帰が真剣に討議された。だが、担ぎ出されたのは、あのゲルマニクスの弟クラウディウスである。学者肌で重苦しい男だったが、行政実務では目配りのきく常識人であった。側近に解放奴隷（かつて奴隷であったが解放された自由身分の者）を重用し、組織も情報も皇帝に集中したから、ある意味では官僚制が整備された。

だが、「女に対する情欲は際限を知らなかった」というから、妻たちにふりまわされる。四番目の妻は魅力たっぷりの姪アグリッピナ、つまりあのゲルマニクスの娘である。このときアグリッピナには連れ子がいた。その名はネロ。のちに暴君の代名詞として知られる男だが、それもあのゲルマニクスの孫にあたる。こうしてみると、息子、弟、孫と一連の帝位がつづいたことになる。まるで理想の為政者として期待されていたゲルマニクスの亡霊がさまよっているかのようではないだろうか。

フォロ・ロマーノから皇帝一族の住まうパラティーノ丘を見る

イエスの十字架刑（三〇年ごろ）から二十数年後、ネロ帝が登場する。残忍きわまりない悪漢のごとく語られているが、それは実像だろうか。十七歳で即位したころ、ネロは心根のやさしい少年だったという。罪人の死刑執行宣告の署名を求められると、「字を知らなければいいのに」と嘆くほどの思いやりを示している。冷酷などころか愛想よく振る舞っていたくらいだ。そのころ、ストア派の哲人セネカや親衛隊長ブルスがネロの補佐役だった。

だが、好き嫌いの激しいところがあったらしい。母アグリッピナは連れ子のネロを皇帝にするために、夫のクラウディウス帝を毒殺したと噂されるほどの悪女だった。その毒気あふれる血がひそんでいたのかもしれない。

少年期を過ぎると、なにかと口やかましい母親がうとましくなる。やがて、嫌悪の情念が昂じると、この実母を亡き者にしてしまうのである。さらには、妻を追い出し、愛人を妻にしたばかりか、前妻に冤罪《えんざい》をきせて処刑してしまう。それ以前にも腹違いの弟を殺害していたのだから、身内の邪魔者は皆殺しにしたことになる。

たしかにネロはむごたらしい男になった。だが、その裏には意志の弱さ、うぬぼれの強さ、疑り深さなどが見えかくれする。ひとことで言えば、臆病であり、自分も殺されるのではないかといつも恐れていたのだ。だから、民衆にはたえず彼らの人気を博すことばかりを、おどおどと気にかけていたのである。

ネロのまわりには師も友人もいた。だがその多くも殺されるか、自害を強いられている。それらの死に様をながめると、彼らが為政者の気まぐれに流されながらも、なお自分の生き方を貫く姿が見えてくる。そこには、なにやら心に響くものがある。ここではセネカとペトロニウスの例をあげておきたい。

セネカは哲人政治家であったが、クラウディウス帝の宮殿で姦通事件の疑惑をかけられ、コルシカ島に流刑にされた。アグリッピナのとりなしで呼び戻され、ネロの家庭教師になる。ネロが帝位に就くと、同郷のブルスとともに、助言者として要人になった。最初の五年間は順調だったが、やがてネロはもはや御し難い性格をあらわにしだす。さらにブルスの死とともに、セネカの影響力も失われていった。ほどなく引退を申し出て、三年あまり閑暇を享受している。だが、陰謀事件に関与したかどで、ネロによって自害を命じられた。おそらく無実であったが、セネカはそれに甘んじたのである。

セネカのもとへ百人隊長の一人がやって来て、「最期はもう避けられません」と告げる。セネカは動じる風もなく遺言の書版を要求したが、拒絶されてしまう。セネカのまわりには友人たちがおり、彼らは涙ぐんでいた。セネカは友人たちの気力をふるいたたせるかのように、くだけたり厳しくなったりしながら話しかける。

「諸君は哲学の教えを忘れたのか。不慮の災難に備えて、あれほど長いあいだ考えぬいた決意はどこへ行ったのか」と諭す。

もともと、ストア派は自然の秩序に従って生きることこそ最大の幸福であると考える。そのためには情欲や思惑にかき乱されず、ものに動じない心を養わなければならない。それは欲望を抑えたり、配慮すべきことを無視したりすることではない。むしろ、そもそも欲望をいだかないことであり、気配りはあっても心を乱されないことであった。

民衆のほとんどはそれほど高邁な思想をいだいているわけではない。凡夫の徒は日々自分のまわりが安泰であればそれでいい。しかし、平穏な日々にも、いや平穏であればこそ、不安や恐れがめばえる。生きることの意味、健やかに老いること、安らかな死を迎えることなどへの問いが心に波打つ。そうした問いかけに答えて、たとえば哲人セネカはこう語る。

「われわれは短い時間をもっているのではなく、実はその多くを浪費しているのである。人生は十分に長く、その全体が有効に費されるならば、最も偉大なことも完成できるほど豊富に与えられている」(「人生の短さについて」)

いわゆるセネカ像（ナポリ国立博物館）

「われわれは波にもまれながら、あのものからこのものをと摑み、求めたものを捨て、捨てたものをまた求め、欲望と悔恨の間に右往左往している。それはわれわれが全く他人の判断に依存しているからである」（「余暇について」）

金銭や名誉を求め、他人の目を気にしながら、俗事の雑務にあくせくして多忙な生活をおくる。それがいかに無益なことであるか。セネカはなによりもそれを問題とする。豊かで自由な精神を取り戻し安らかな晩年をすごす。そのためには、どうすればよいのか。彼はそのためのさまざまな心構えを説いたのである。

だが、セネカの言葉は彼の世俗生活を目にすると虚しく響くことがある。あれほど金銭や権勢を軽んじていながら、羨《うらや》ましいほどの大富豪だったのである。しかも、高利貸をしたり、相続人のない財産を狙ったりしたのだから、これはもう言語道断というしかない。だから、セネカの道徳論のなかには自分の生き様への弁明があると見なす人もいる。

しかし、これこそ人間の生態としての「棲みわけ」ではないだろうか。暴君の君臨する苛酷な時代であった。それとせめぎ合いながらも協調するには、絶妙なバランスがなければならない。そのバランスの強靭《きょうじん》さが彼の死に際にこそ現れているのかもしれない。

最期のときが訪れたとき、セネカは妻を抱き寄せ、自分との思い出に慰めを見出すようにとなだめる。だが、妻は「私も死ぬ覚悟でいます」ときっぱり言い切った。愛妻の行く末を案じたセネカはその毅然とした覚悟を受け入れ、二人は一緒に腕の血管を執刀医に切り開かせた。

だが、老齢のセネカは出血が少なく、足首と膝の血管も切らせる。苦痛に身もだえる姿をお互いに見ないですむように、妻を別室にひきとらせた。自分の死が目前に迫っていながら、心には語りたい想いがふつふつとわいてくる。写字生をよびつけ、その高尚な思想の大部分を口述筆記させた。それでも死はなかなか訪れない。毒薬を飲んでも、手足が冷えきって効き目がない。ついには温かい風呂に入り、ついで発汗室に運ばれて息絶えた。あらかじめ遺言してあったように、葬儀も行われず、遺体が焼かれただけだったという。セネカは哲人らしく死んだのである。

これとはまるで異なるのがペトロニウスの死の場面である。趣味三昧のペトロニウスはネロ帝の宮廷で文芸に通じ「粋の審判人」というあだ名で知られる。しばしば古代ピカレスクロマンの傑作『サテュリコン』の作者と同一人物とされるが真偽のほどは不明。彼も陰謀事件後に自害を言い渡された。

ペトロニウスほど人を食った男もめずらしい。歴史家タキトゥスもこの変わり者には舌をまいているかのようである。およそ常識など意識しない人物だったらしい。昼は寝て暮らし、夜になると仕事をしたり歓楽にふけったり。ふつうなら汗を流し精進して誉められるところを、この男は無精なことで名をあげた。といっても、大食漢とか大浪費家とかいうわけではなく、趣味の通人として世に知られたのである。その言動はおよそ世間の因襲にとらわれず、まったく無頓着であったし、天真爛漫《らんまん》とすら見なされていた。

それでも、公務はとどこおりなくこなす。ビチュニア州の総督を務め、のちには統領《コンスル》も務め、有能な公人ぶりを示した。官位を退くと、ふたたび遊蕩《ゆうとう》の生活に戻り、背徳者をよそおって注目される。そのせいで、ネロをとりまく親しい仲間に入り、そこで趣味の権威者となる。あらゆる歓楽にあきていたネロも、ペトロニウスが認めないかぎり、興味をいだいたり粋だと思ったりしなくなったという。

こうなるとネロのとりまき連中には妬みをかうはずだ。やがてネロの耳もとに陰謀に加担したとの讒言《ざんげん》が届いたのである。そこからペトロニウスが息を絶つ場面まではタキトゥスに語ってもらおう。


「もうこうなってからは、ぐずぐずと不安や希望をのばすことに我慢できなかった。もっとも、一気に生命をやっかい払いしたのではない。血管を切ってから、気の向くままに流れ口を閉じたり開いたりし、そのあいだ、ずっとペトロニウスは友人と閑談する。それは真面目な話題ではなかったし、そうした話をして沈着冷静の名声を求めようともしなかった。彼が耳を傾けたのは、霊魂の不滅とか哲学の教義などを説教する人にではなく、ばかばかしい歌やふざけた詩句を興ずる人に対してであった。奴隷のある者には惜しみなく物を施し、ある者には鞭を与えた。

饗宴の席に横臥すると、眠気をもよおすままに気儘にまどろんだ。強制されたとはいえ、できるだけ自然に往生をとげたように見せたかったのである。遺言附属書の中にも、死に臨んだ人がたいてい陥るような、ネロとかティゲッリヌスとか、そのほかの権力者に対するあの佞言《ねいげん》を記さなかった。それどころか、皇帝《カエサル》の破廉恥な行為を、稚児《ちご》や女の名とともにあげ、一つ一つの愚行の新奇な趣向を詳しく述べ、それを封印してネロに送った。それから、彼の死後に、犠牲者をつくるため使用されないように、自分の指輪を壊した」(『年代記』)

ローマ人は指輪を認印としても使用したのでネロに悪用されないように壊させたのである。ペトロニウスの当てつけはそれにとどまらなかった。ネロがかねてから欲しがっていた高価な宝石製の酒柄杓《ひしゃく》を叩《たた》き壊したとも伝えられている。

なんという強靭な遊び心だろう。最後の最後までふざけながら、粋の精神を失わずにいたのだ。驚くべきことではないだろうか。まさしく自分らしく生きぬいた純粋さには、誰であれ心を打たれるものがある。

たしかにネロは暴君であり、次第に残忍さを増していった。だが、それは自分の権力を脅かす人々に対してであり、民衆には気前のいい大盤振る舞いで喝采をあびていたのである。とはいえ、ネロをとりまく人々のなかにあって、羽目をはずして戯れながら自分に忠実でいたのだから、壮絶というより見事というしかない。

ここにも類稀なる「棲みわけ」の生態がある。自分に忠実に生きるには人間の社会にあっても「棲みわけ」がいる。ネロ帝の治世を生きたセネカとペトロニウスというローマ人二人。彼らは正反対の資質をもちながら、荒波に流されずに忠実に生きるという点で、同類の生き方を示唆しているのではないだろうか。

9　諧謔《かいぎゃく》と批判の精神

俳諧の一つに前句付というのがある。七・七の短句に五・七・五の長句を付ける。たとえば、「斬りたくもあり斬りたくもなし」に「盗人を捕へてみればわが子なり」を付ける。また、「石に布団は着せられもせず」には「孝行のしたい時分に親はなし」が付けられるのだ。

この歌遊びから長句の部分がひとり歩きをはじめて、川柳が生まれた。俳句のようにめんどうな季語や切れ字がなく、世情や人情の機微を軽妙洒脱《しゃだつ》な味でとらえておもしろがる。もともと『万葉集』や『古今和歌集』にも、滑稽や諧謔の味つけをした歌があった。そこから狂歌が生まれ、江戸中期になると広く詠まれだすことになる。

江戸の社会は一見すれば安泰だった。だが、斜にかまえれば、世相には諧謔と皮肉があふれている。庶民のなかにある種のゆとりが感じられながらも、チクリと刺す批判精神もめばえていたのだ。

乳飲み子を残して妻女が逝ってしまった。

「南無女房ちちをのませに化けて来ひ」

堕胎専門の医者は中条流とよばれ、違法だが儲かっていた。

「罪なこと中条蔵をまた一つ」

江戸時代には、鎖国とともに、ますます国風文化の色合いが濃厚になったという。それなりに物資も生活も豊かになっていたのだろう。同じようにローマ帝国の社会も、平和と繁栄のなかで、円熟した独自の文化を生み出している。

学問にしろ、芸術にしろ、さまざまな面でローマ人はギリシア人を模倣したという。ギリシア人は創造力にあふれ、ローマ人は独創性にとぼしいように見える。ギリシア悲劇の荘重さはローマ人に望むべくもなく、ラオコーン像のようなローマ彫刻の傑作もギリシアの作品を複製したものが少なくない。たしかに、ローマ人は、表現形式の多くをギリシア人から受け継いだのだ。

ラテン語でつづられた詩歌も、ローマ世界の現実とギリシア世界の素材とが渾然《こんぜん》と織りなす想像の空間をくりひろげる。このような混沌が、非日常的な感性の世界に誘うのである。だが、諷刺詩であれば、かかる非日常性の世界を伝えることはほとんどない。むしろ、好んで身の回りにころがる題材をとりあげ、人間の愚かさとたわむれる。こうして生まれた諷刺詩には、すぐれてローマ人らしさがにじみ出てくるのだ。

もちろん、諷刺詩においてのみ、ローマ人は独創性を打ち出したわけではない。恋愛詩にあっても、ローマ人はみずからの心情を吐き出し独自の境地をひらいている。ギリシア人は文芸の世界でも公共心を重んじたようだが、ローマ人にとって、文芸の世界は私情にあふれていることで身近に感じられたのかもしれない。たとえば恋愛詩人の例をとりあげてみよう。

前一世紀前半、カトゥッルスはローマに出て、キケロやカエサルとまで知り合っている。彼の人生にとってレスビアとよばれる女性との出会いは決定的であったという。レスボス島出身の女流詩人サッフォーにちなむが、本名はクローディアという社交界花形の人妻だった。ぞっこん惚《ほ》れこんだカトゥッルスには、ほかの女性は眼中にないのである。

「こんにちは、鼻の小さくない娘さん、
足もきれいでなく、目も黒くなく、
指も長くなく、口も乾いていず、
話しぶりもほんとにあまり上品でない、
フォルミアエの破産男のおめかけさん、
あんたがきれいだと国中で言われているのか、
あんたとぼくのレスビアが比べられるのか、
何と愚かな、趣味の悪い時代だ」（「レスビアの歌」）

「レスビアこそが美しい」と讃える詩人には、もはやほかの美女はなんの魅力もない。レスビアは「ひとりですべての女からすべての魅力を奪いとる」とカトゥッルスは歌う。

このように詩人の主体が露骨になればなるほど、そこにはローマ人の日常生活の似姿が描きこまれることになる。とりわけ諷刺詩には、詩人の感性に映し出されたローマ社会の現実がきざみこまれている。

諷刺詩と現実世界。そのかかわりに思いをめぐらせば、むしろ諷刺詩には、現実の出来事を誇張することによって増幅された詩人の感性・感情が、ことさら表れ出ていると言える。そこでは詩人の喜怒哀楽はひときわ強調されているかもしれない。さらに、これらの詩人の心情は、同時代に生きる人々のいだく感性・感情のなかに少なからず反響するものを奏でていたにちがいない。諷刺の精神は、なによりも当世の舞台でこそ躍動し、人々の共感や反感を誘うものであるのだから。

ホラティウス（前六五〜前八年）は、イタリア半島東南部のアプリア地方に生まれた。解放奴隷の父は資産をもっていたらしく、息子はローマとアテネに遊学している。出世の機会にも恵まれ、ブルートゥスの軍隊で将校にもなった。だが、ブルートゥスの失墜と実家の没落で、一時は不遇をかこった。やがて幸運にも公務の書記役に就き、そのころ最初の詩集を書いたという。

こうした機縁で、時の名高い詩人ウェルギリウスらとも知り合い、彼らの紹介でマエケナスの知遇を得ることになる。マエケナスこそはアウグストゥス帝の信頼厚き大富豪であり、文芸保護者として史上に名高い人物である。ちなみに学問・芸術を資金面で助成することをメセナ（mécénat）というが、これはマエケナスに由来するフランス語表記である。

このマエケナスの援助で農場をもらい、ホラティウスは詩作活動に専念することになる。その知性に富む題材と美しいラテン語のために、彼の評価はますます高まった。ローマの上流社会の名士たちとも交わり、やがてアウグストゥス帝の覚えも得ることになる。しかし、ホラティウスは、これらの実力者とはあくまである距離を保ちながら、創作の自由と独立を享受することに努めたという。

ホラティウスの『諷刺詩』のなかで、ことさら話題となるのは、名誉、金銭、食欲、性

牛が眠るところでの宴会風景のモザイク画（バルドー美術館：チュニス）

欲などにとりつかれた人間の愚かさである。欲望に隷属した人間の生態を浮きぼりにしながら、忠告する。

「そうガツガツと利を追うのはそろそろ止めにするがいい。

より財産が出来たなら貧乏なんか恐れずに暮らしていけるわけだから、望みを達したその上は次第に仕事をやめるがいい」

生きる上で、なによりも大切なこと。それは、常識はずれの狂気じみた行為にそまらないということである。

物事には適度というものがあるのだから、情欲に身をまかせる間男のやっていることなど惨めなものだと冷笑する。

「こわごわ家に入れて貰い、欲情と恐れが入り混じり体をがたがた震わせます。剣闘士として身を売って棒で叩かれ、剣により殺されるために出掛けるのと、罪を犯した人妻のメイドの女が気をきかせ隠してくれた小汚い長持ちの中に押し込められ、頭を縮めて膝に付けているのと、どちらが増しでしょう」

ここで姦通という邪道が非難されるのは、それにともなう危険のためである。それが不純であったり汚濁であったりするからではない。本能のおもむくままに行動すれば、痛い目にあう。その人間の愚かしさを揶揄《やゆ》するのだ。

ところが、泰平の世が百年もつづくと、詩人のまなざしも変わってくる。たとえば、マルティアリス（四〇～一〇四年ころ）をとりあげてみよう。彼はスペインのビルビリスに生まれて、青年期にローマを訪れ、そこで三十年以上を過ごすことになる。移住当初から同じスペイン出身のセネカからの知遇を得ている。セネカは哲学者にして政界の大立者であり、その援助を受けて、ゆとりある生活ができたらしい。やがてセネカは失脚し自決に追いこまれるが、それは詩人にはさほどの影響をおよぼさなかった。

マルティアリスの詩作活動は、主としてネロ帝死後の一世紀後半にある。彼はその当時の上流社会の人々や文人たちとあれこれ親交を結んでいる。統領《コンスル》経験者にして水道技術論の著者フロンティヌス、修辞学者として名高いクィンティリアヌス、若い文人政治家の小プリニウス、そして有能な若手詩人のユウェナリスなどがいた。

マルティアリスにとって、がまんがならないのが慎ましやかさを失くした女性である。とりわけ裕福で傲慢な熟女に対する嫌悪感はすこぶる強い。

「何だってわたしが金持ちの女を妻に欲しがらないのかとのお訊ねか？　わたしゃ自分の女房を旦那に持ちたかないのだよ」（『エピグランマタ』）

だが、泰平の世になれば、熟女であれ少女であれ、もはや女性を縛っておくことなどできはしない。妻や娘に、人目にさらされることを禁じたりする者は野暮な田舎者と見なされる。解放された女性たちはもはや歯止めがきかないのだ。

「もう長いこと都じゅうを、サーフローニウス・ルーフス君、誰かノウと言うオンナノコがいないかとわたしは探しているのだ。ノウと言う娘《こ》は一人だっていない。まるでなすべきことではないかのように、まるでノウと言うことはみにくいみたいに、まるで許されぬことのように、一人としてオンナノコはノウと言わないのだ」（『エピグランマタ』）

マルティアリスにとって、男性は「男らしく」あり、女性は「女らしく」あることが願わしい。詩人は自分にとって異常なものを忌み嫌い、それを痛烈に嘲笑する。もはや痛い目にあうはずだという距離感のある批判ではない。嫌悪すべき現実はつきまとって離れないのである。

ポンペイの繁華街アボンダンザ通りにある女将アッセリーナの居酒屋

最後にユウェナリス（六〇～一三〇年ころ）をとりあげておこう。彼はローマ近郊に生まれ、若いころは弁論術に興味があったという。質素な生活に甘んじたこともあったが、やがてティヴォリに農地を獲得し、ローマにも家をもっていた。しかし、彼の作品には保護者への献呈を示唆するところが見当たらない。そもそも上流社会の一員であったのかもしれない。自分自身について語ることが少なく、わずかながら詩人マルティアリスや文人政治家小プリニウスとも知り合いであったことがわかっている。

ユウェナリスの諷刺詩集は、ローマ社会の世相を厳しく糾弾する。口調は辛辣をきわめ、その猛烈な怒りの故によく知られている。

「(古き世に廉直なりし)クリウスの氏《うじ》を気取りながら、(その実は)酒神《バッコス》の祭のような生きようをしている連中が、なにやら道義のことを図々しく口にするたびに、このローマからサウロマタエの民棲める地、氷張る大洋のかなたへ逃げだしたくなる」(『サトゥラェ』)

クリウス家は古来、廉直にして誠実な家柄として有名であった。だから、その家風を装うというのは、分別ある顔つきで道徳家を気どっているということになる。そんな連中が裏にまわれば、酒池肉林にふけっているのだ。まるで多重人格者のような奴らが輩出する。そこにいるのは苦痛なだけだ、詩人は叫ぶ。

さらに、自分は同性愛趣味でいながら、腐敗だらけの世相を憤る道徳家風の男もいるから、始末におえない。

「だが、もっとタチの悪いのはヘーラクレースのことばで、そうした悪癖《ことく》を攻撃し、美徳について語りながら（実は）お尻《けつ》を振り動かしている連中だ」（『サトゥラェ』）

それでも、女性たちの目に余る生態ほど気にさわるものはない。巨額の持参金のおかげで、こよなく貞淑な妻と夫によばれる女がいる。それだけのせいで、夫は何事にも口をはさまない。それをいいことに、彼女は勝手気ままにふるまう。自分のしたいようにやっても、なんの差しさわりもないのだ。

手のつけようもない悪女たちが世にはばかる。美貌を武器に夫を意のままにする女、五年間に八回も夫を替えた女、法律に詳しく訴訟好きの女、酒におぼれて慎みを忘れてしまった女、女奴隷に対する鞭打ちを競い合う女、文芸趣味や学識をひけらかす女、最新流行には敏感ながら夫には一切かまわない女、吉凶に一喜一憂しつつ夫や母親が死ぬ月を占ってもらう女、子どもを産みたがらず生まれた子は捨ててしまう女。

なかでも自分の悪事は棚上げにして夫の色恋沙汰《ざた》を口うるさく詮索《せんさく》する女には、開いた口もふさがらない。

「女房がベッドにはいれば、いつも必ず夫との間に争い喧嘩がおこるもの。そこではほとんど眠れやしない。（共寝した）そのときには女は夫にきつくあたる。そのときこそ仔を取られた牝虎よりもっとひどい。（おのれの）みそかごとに気が咎めながら、（逆に夫の浮気を）欺くふりをしてみせ、奴隷どもを罵り、居《い》もしないお妾さんを拵えて泣く」（『サトゥラェ』）

ところで、一読すれば、ユウェナリスは怒れる詩人とみなされがちである。だが、彼は諷刺詩の戦術にこのうえなく長けていた。というのも彼は仮面をかぶっているのだ。寛容のかけらもない偏狭な詩人が読者にも悪徳をなじるように促す。だが、はたして読者はそのまま詩中の人物をなじる気になるだろうか。逆に読み手は、詩人の偏狭さに違和感をいだくばかりか、詩人を見下すことになるのではないだろうか。そうすることによって、聴衆や読者はみずからの度量の広さに目覚め、満ち足りた気分になる。詩人の執拗きわまりない糾弾は、それを分別ある聴衆や読者が拒絶することを通じて、人間の欠点や過

4世紀のローマ市街（想像模型　ローマ文明博物館：エウル）

ちに対する理解を深めさせる。そこにユウェナリスの真の狙いがあるという。

じつのところ、巧みに描き出され諷刺される人々は、もはや手の下しようもない悪人ではない。むしろ、堕落した泥沼から抜け出し、善人になろうとしなければならない人々である。ときには彼らには救済の手が差しのべられなければならないのである。世の人々がそのような努力をすることによって、より良き社会が建設される。そこにこそ詩人の切なる願いがあった。この意味でユウェナリスの諷刺詩は、教訓的性格を秘めている。

江戸もローマも百万の民草がひしめいて暮

らす都市であった。人と人とが結びつく枝葉はしなり、これまで聞いたこともない音色を奏でる。それが川柳・狂歌であり、諷刺詩であったのではないだろうか。韻文であっても束縛が少なく、自由に表現され、滑稽であったり諷刺をきかしたり奇警であったり、民衆のなじみやすい題材に満ちあふれていた。

大都市でありながらお互いが無関心ではいられない社会。そこでは諧謔の批判精神も爛《らん》熟《じゅく》する。その心意気はやがて詩歌の様式の一つとして磨かれ、広く庶民が親しむようになったのだろう。しかも、ときには世相を非難しながら、人心を教化する詩作すら工夫されていた。驚くべき成熟社会ではないだろうか。

10　賢帝と愚帝

ローマ人の歴史千二百年をながめると、前半は山頂をめざす生気あふれる人のように力強く登っていく。頂にたどりついた登山家は、そこでゆったりと骨休めをしながら、四方を見下ろす絶景の眺望に満足する。だが、遅かれ早かれ山を降りるときが近づく。下山するのがいつなのか、誰にもわからない。せめて天候が悪化しないうちにと、山を降りることになるのだ。そのとき足どりは、注意深くゆっくりと、運んでいかなければならないはずだ。

『ローマ帝国衰亡史』の歴史家E・ギボンは、その書き出しを一世紀末から始めている。それは、のちにパクス・ローマーナ（ローマの平和）と讃えられる時代であった。そこで登場する皇帝は「五賢帝」ともよばれ、ギボン自身が「人類史の至福の時代」として称賛をおしまなかった時代である。

しかし、この平和と繁栄の時代にいたるまでも、ローマ人は数多くの艱難辛苦をなめさせられている。だからこそ、ギボンもまた、「歴史とは、まさしく、人類の犯罪、愚行、不運の記録にほかならない」と嘆息せざるをえなかったのだろう。


しばしば、賢帝とともに愚帝があげられる。愚帝は悪帝とも暴君ともよばれる為政者である。そもそも五賢帝より前に、ローマ人は三人の悪《あ》しき皇帝を経験していた。それが紀元一世紀の百年を生きたローマ人の実感であろう。名称は言葉のニュアンスにすぎないが、あえて区別しておこう。そこには、愚帝カリグラ、暴君ネロ、悪帝ドミティアヌスがいた。

このような悪徳の華をめぐる話題なら、醜聞史家スエトニウスがおあつらえむきではないだろうか。歴史観が一貫していないとか歴史叙述に論理がないとか、同時代の卓越した歴史家タキトゥスに比べて、評価はさんざんである。だが、信憑性《しんぴょうせい》のあるなしにかかわらず、風聞もふくむ往時の雰囲気にふれるのであれば、スエトニウスの筆には後世に伝わるところがある。

「ここまで私は、元首としてのカリグラについて述べてきたが、以下で怪物としてのカリグラについて語らねばならない」（『ローマ皇帝伝』「カリグラ」）とは、もはや口にするのもはばかられることも少なくない。「カリグラは、自分の妹たち全部と肉体関係をもった」（同前）、「カリグラは息子の刑執行に両親が立ち合うよう無理強いした」（同前）、「突拍子もない浪費によってカリグラは、あらゆる放蕩《ほうとう》者の才覚を凌駕《りょうが》していた」（同前）とか、列挙すればきりがない。

前例を無視した独裁と恣意的な財産没収に走り、もはや暴政とよぶしかなかった。自分の神格化に執着し、その狂気は憎悪と恐怖をはびこらせる。国家を営むにあたって支障をきたすほどの犠牲者が続出していたから、暗殺されるのに年月はいらなかった。

ネロの暴君ぶりについては小説や映画でも語りつくされた感がある。とりわけ母親殺しとキリスト教徒迫害のために、残忍な独裁者の代名詞にもなっている。そればかりか「親族のうち、ネロの犯行で破滅しなかった者は一人もいない」（前掲書「ネロ」）と言われるほどだ。

歴史家タキトゥスがこよなく讃えた元老院身分の名将にコルブロがいる。各地の遠征でめざましい戦果をあげ、もはや英雄とあがめられた。毅然として風采もあるコルブロの人気はネロ帝には危険きわまりないものだった。ある陰謀事件が発覚すると、多くの元老院貴族が処刑され、コルブロにも自害が命じられた。だが、この嫌疑はネロ帝が英雄視されるコルブロをただ妬んだものでしかなかった。側近の哲人セネカ、軍人ブルス、粋人ペトロニウスをも自害に追いこんだネロにとって、コルブロの死も心を痛めることではありえなかったのだろう。

治世当初のドミティアヌス帝は誠実で慎重に責務を果たし、収賄疑惑の陪審員をすべて罷免し、首都の役人も属州総督もその行動を注意深く規制している。公衆道徳を重んじ、去勢を禁じ、同性愛にも目を光らせた。帝国の安寧にはことさら心をくだき、宮廷の側近とともに属州総督の役割が重視されている。

だが、そのような行政手法をとれば、元老院は儀礼的に尊重されるだけになりがちだ。数年も経たないうちに、仮面がはがれおちる。元老院の有力者を処刑し、その財産を没収する。財政が逼迫《ひっぱく》していたが、軍隊の信頼をあてにしたので、兵士の年収は増額され、軍事費が増大した。また、大火災があったために、首都の修復建築計画が進められていた。

右：幼少期のあどけないネロ像（ルーヴル美術館）　左：ネロ像（カピトリーニ美術館）

さらに、見世物などの大衆娯楽にも意を尽くし、巨額を投じた。このような財政支出がかさなり、国庫は底をつく。

しかし、もともと世間になじめないという不安感もあり、そのために猜疑心《さいぎしん》がつよく、感情の起伏もはげしかった。暗殺の陰謀に過敏になり、「元首の境遇は、哀れなものだ。元首が暗殺されない限り、陰謀が確かにあったと信じてもらえないのだから」と自分を憐《あわ》れむのだった。

猜疑心にこりかたまっていくな

かで、ドミティアヌス帝は偏執病にさいなまれた。元老院貴族にも騎士身分にも宮廷役人にも罪なき犠牲者が出現する。疑惑は密告、告発、弾圧をもたらし、まさしく恐怖政治であった。あげくの果てに、后までもが不安におびえ、側近の侍従たちとの共謀がなりたつ。九六年夏、宮廷内でドミティアヌス帝は暗殺された。やがて、カリグラ帝、ネロ帝とならんで、ドミティアヌス帝も暴君や悪帝の刻印をおされ、公式記録からその名を抹消する「記憶の断罪」が決議された。

ところで、愚帝であれ、悪帝であれ、暴君であれ、彼らが悪しき皇帝として汚名をきせられるのは、なぜなのだろうか。傍若無人な言動、残虐な性格、放埒《ほうらつ》な浪費、財政の乱脈、恐怖政治など数えあげれば、いくらでも出てくる。だが、そのような後世の非難にもかかわらず、意外にも同時代の民衆には嫌われなかった面もあるという。

たとえば、ネロは民衆の間には一種の根強い人気があった。さまざまな競技会を開催し、みずから芸術家きどりで舞台に出場したからだけではない。それとともに、この暴君はローマ帝国改造計画とでもよべる積極的な経済政策を打ち出していた。それによって需要が喚起され景気が浮揚するところもある。二十世紀の経済学者ケインズが提唱した有効需要理論をすでに先取りしたかのようだった。そこでネロが自害しても、彼がまだ生きていることを望み信じていた人々もいたのだ。じっさい、偉大なるロック歌手エルビス・プレスリーをめぐる噂のように、「私はネロだ」と名のる男が跡を絶たなかったという。

それならば、どうして悪評高い皇帝が出てくるのだろうか。十八世紀フランスの政治思想家モンテスキューは、名著『法の精神』のなかで「共和国においては徳が必要であり、君主国においては名誉が必要であるように、専制政体の国においては〝恐怖〟が必要である」と語っている。

ある皇帝の独善的な振る舞いを恐怖として感じる人々がいたということになる。だが、それは民衆ではないのである。ネロの母親殺しの噂を民衆は信じて疑わなかったという。ほどなく民衆は落書きのなかで皇帝へ罵詈雑言《ばりぞうごん》をあびせかける。スエトニウスはその様を次のように伝えている。

「ネロ・オレステス・アルクメオン、母親殺し」

「新しい計算だ。『ネロ』と『自分の母親を弑《しい》す』とは等しい」
「ネロがアエネアスの偉大な血統の末裔《まつえい》だということを、誰が否定しよう。彼は母を『片付け《ススト ウーリト》』、アエネアスは父を『背負った《ススト ウーリト》』ではないか」

（前掲書「ネロ」）

民衆が皇帝を恐れていたのなら、これほど赤裸々な落書きが横行するはずはない。それなら誰が皇帝を恐れたのだろうか。それこそ元老院議員たちであり、その総体としての元老院にほかならない。

五百年にわたって共和政国家を営んできたローマ人にとって、元老院はその勢威の精髄であった。だから、皇帝といえども元老院の意向を無視してはならない。善帝とはなにより元老院を尊重する皇帝であり、少なくとも元老院をなおざりにしてはならないのだ。それはローマ人が内乱終結後、百年余りの歳月で学んだことであった。だから、ドミティアヌス帝の暗殺後、五賢帝時代（九六〜一八〇年）が訪れることになる。

まずは高齢であったが人望のあるネルウァが即位する。流刑にされていた人々を大赦し、元老院議員の処刑はしないと誓った。それとともに、貧者に土地を割り当てたり、租税を削減したり、民衆への配慮も忘れてはいない。わずか十六カ月の治世にすぎなかったが、老帝は軍人トラヤヌスを後継者に指名する。

それは幸運以外のなにものでもなく、貴族にも民衆にも歓迎すべきことだった。後世の歴史家ディオ・カッシウスは「トラヤヌスは民衆には温情をいだき、元老院には威厳をもって臨んだ。それ故、誰もが彼を敬愛し、恐れる者などいなかった。敵以外には」と語っている。軍人の血が騒いだのか、遠征による領土の拡大には意欲を燃やした。だが、模範とすべき為政者として慕われ、四世紀になっても元老院ではこう祈願するのだった。新しい皇帝が即位すると「アウグストゥス帝よりも幸運であり、トラヤヌス帝よりも立派であるように」と。

ところで、トラヤヌス帝の後継者ハドリアヌスの時代になると雲行きは怪しくなる。そもそも後継者に指名された事情にも疑念がないわけではなかった。さらに、帝位継承直後に、有力元老院議員を処刑したというので、元老院貴族には評判がよくなかった。しかし、ハドリアヌスは為政者としては有能であった。

ハドリアヌスが帝位についたのは四十一歳のときである。「ハドリアヌスは背が高く、容姿美しい人物であった。髪は櫛でカールさせており、また顔にある生来の傷を隠すために、髭《ひげ》をびっしりと生やしていた」(『ローマ皇帝群像』)という。この顎鬚《あごひげ》が似あっていたので、後の皇帝たちはまねすることをためらわなかった。

元老院を軽視しているとの疑念に、もちろんハドリアヌスは無神経ではなかった。そうではあっても、民衆を重視する姿勢も目立ってくる。

なによりも大切なことは、皇帝に対する民衆の信頼と畏敬の念であり、そこに帝国の安寧があった。このため、ハドリアヌスはみずから心がけて属州各地に旅に出る。ブリタニアからアラビアまで、その属州視察旅行はじつに治世の大半にもおよんだ。そのすさまじいばかりの属州巡りのせいで、詩人フロルスは皇帝をからかっている。

皇帝なんぞにはなりたくない。

イオニア式の円柱と池に囲まれた「島のヴィッラ」(ヴィッラ・アドリアーナ)

ブリトン人の間をうろついて、
ゲルマン人の間に潜んで、
スキュティア人たちの地の冬を
辛抱しなければならぬから。

文才に恵まれたハドリアヌスも黙っていない。

フロルスなんぞにはなりたくない。
安料理屋の間をうろついて、
居酒屋に潜んで、
丸々と太った蚊の餌食になるのを
辛抱しなければならぬから。

ところで、ローマを離れることの多かったハドリアヌスであっても、内政を軽視していたわけではない。むしろ、実務上においては、官僚制を整備し、国家機構が自律的に作動する装置として確立することに成果をあげている。さらに、前帝の征服した領土はほとんど放棄して国境の安定に努めるほどに、現実感覚の持ち主であった。

といっても、個人生活において、ハドリアヌスは夢想家であった。皇帝みずから公務に追われるよりも、自律した官僚制と無難な平和政策は皇帝に余裕のある時間をあたえる。彼はその時間を旅に、狩猟に、芸術に費やしたかったのだろうか。このような余暇こそが生きがいであった。

ローマ近郊のティヴォリに壮麗な別荘を建設し、その庭園には属州旅行の思い出がいたるところに再現されたのである。その栄華の跡は今日ほとんど廃墟と化している。でも、そこには学芸を愛好した皇帝の夢想がしみこんでいるかのようだ。ハドリアヌスは晩年の多くをこの別荘ですごしたという。

晩年、病魔に冒され、篤実の人アントニヌス・ピウスを養子として後継者に指名する。そのころハドリアヌスは死ぬことばかりを願っていたという。テヴェレ川の向こう岸に陵

円柱と彫像の並び立つカノプス（ヴィッラ・アドリアーナ）

墓を作らせたが、今日それはサンタンジェロ城とよばれている。そこで永遠の眠りにつく前に、彼は一篇《いっぺん》の詩を書き残した。この短詩は、ラテン抒情《じょじょう》詩の傑作の一つとも言われている。

　さまよえる愛すべき小さな魂よ、
　わが肉体にかりに宿りし親友よ、
　いまや、青ざめて、凍りつく、
　侘しき、あの場所へ、
　戯れに心を躍らせた日々を思い出
すこともない、
　あの場所へ、離れ去ろうとするの
か。

ここには、偉大なるローマ帝国を二十年以上も治めた為政者がたどりついた心象風景がある。その虚しさは、むしろ、世界帝国を営むことの重荷をずっしりと感じさせてくれるのではないだろうか。

11　ローマ帝国の精神的傑作

ドーバー海峡をへだててブリテン島があり、さらにそこからセント・ジョージ海峡を越えるとアイルランドがある。この地の人々はケルト人を先祖とするのだが、今日でも「ここまではローマ軍は来なかった」というのが観光案内の謳い文句である。地の果てまで征服したかのようなローマ帝国だが、たしかにローマ軍はアイルランドまでは侵入しなかった。だが、そこの港はローマの商人たちによく知られていたという。

東に目をむけても、アウグストゥス帝治世のローマ艦隊はアラビア半島南端のアデンを破壊したという。その後、アレクサンドリアの商人たちはインドとの交易にのりだすようになる。やがてもっと東方に舳先《へさき》をむけるのは当然のことであった。

『後漢書』によれば、はるか西方からの旅人が中国を訪れている。その出来事がある前も、大秦とよばれる西方の大帝国の皇帝は、常々から中国へ使節を送りたがっていたという。しかし、その間にはパルティア王国が立ちはだかっていたので、その願いは果たされなかった。パルティア人は中国との絹の取引を独占しようとしたからである。

桓帝治世の延熹九年（一六六年）、「大秦王の安敦は天子に使節を派遣した。この使節団は大きく迂回して日南を通って到着した。使節団の一行から贈られたのは、象牙、犀角、玳瑁《たいまい》であった。このようにして、彼方の大国と他国を介さない交易が始められることになった」という。ここでいう安敦とはマルクス・アウレリウス帝のことである。また、日南とはベトナム中部を指す。しかし、ローマの使節と名のった者たちはどうやらシリアの商人であったらしい。ローマ帝国が公式の使節を派遣したという記録はないのだ。マルコ・ポーロの元朝訪問よりも千年以上も前のことであるから、ここでも商人たるや恐るべしなのだ。

マルクス・アウレリウス帝が安敦とよばれたのは、彼がアントニヌスという氏族名を名のったからであろう。というのも、彼の先帝はアントニヌスであり、ハドリアヌス帝の後継者であった。そのアントニヌス帝の治世はだいたいにおいて繁栄と平和の時代であった。だから、皮肉屋は彼の治世には歴史がないという。特筆すべき出来事がほとんどなにも起こらなかったからである。

アントニヌス帝はあまりにも敬虔《けいけん》で祖国愛にあふれていたから、後にピウス（敬虔なる人）という称号が贈られる。だが、徳性にすぐれていたばかりではなく、天性の政治手腕に恵まれた人物でもあった。元老院と協調し友好であったのも、権力をちらつかせる素振りも見せなかったからである。そのかたわらでは、官僚制を整備した堅固な行政機構を築きあげていたのである。

もちろん国庫を浪費することなどないから、没後には六億七千六百万デナリウスが遺されていたという。これはアウグストゥス帝以来最高の国家資産であった。それを受け継いだのが皇帝の養子マルクス・アウレリウス・アントニヌスである。

一六一年、マルクスは義弟ウェルスとともに帝位にのぼる。元首政になってはじめての共同統治であった。彼らの治世は順風満帆な幕開けであった。なにしろ、このうえなく国庫は潤っており、高潔な為政者が君臨していたのである。共同統治であったが、「義弟は尊敬と愛情によって私を喜ばせてくれた」と義兄のマルクスは語っている。

マルクスはおごそかな印象をあたえる幼児だったという。乳母の手を離れると、すぐにすぐれた教師たちにあずけられ、哲学を深く学んでいる。やがてギリシアの哲学者をまねて粗末なマントをまとい、地べたに寝るようなことまでする。だが、母親に懇願され、寝台に眠ることをしぶしぶ聞きいれるのだった。

ほかにも、現代人に聞かせてやりたい話がある。母親が遺産相続の件でマルクスをよびよせたときのことである。自分は祖父の遺産で満足しているから、父の遺産はそっくり妹にあたえたのだ。さらに、嫁資がものをいう時代だったから、妹が夫よりも少ない財産で恥ずかしい思いをしないように、母にも財産のすべてを妹に譲るように忠告したという。

親が亡くなってしまうと、その子どもである兄弟姉妹が骨肉の争いをするとは、よく聞く話である。いっぱしの遺産があったばかりに、それまで仲むつまじかった血縁者の契りにひびが入る。なんと悲しい出来事ではないだろうか。マルクスは富裕な貴族だからできたとも言えなくもない。しかし、金持ちこそ、ことさら欲深いともいう。やはりマルクス

マルクス帝が敬愛していた先代アントニヌス・ピウス帝の彫像（カピトリーニ美術館）

にはにじみ出るような高潔な資質が感じられる。

　五百年前の哲学者プラトンなら、小おどりして喜ぶようなマルクス帝の登場である。というのも、プラトンは哲人皇帝を理想としていたからだ。すでに民主政を実現していたギリシア人であったが、それとともに衆愚政治に傾きやすいことも経験していた。デマゴーゴスとは、もともと「民衆を説得する人」の意であるが、「煽動政治家」を意味するようにもなる。その含みは英語のデマゴーグに残っている。だから、公平で正義を重んじる見識者であれば、その独裁政こそが民衆に善政をもたらす、とプラトンは考えたのであろう。

しかし、現実を目にすれば、理想は絵に描いた餅《もち》にすぎない。それは為政者が無能だったからではない。むしろ、プラトンが思い描いた以上に有能であった。だから、後世の歴史家は「マルクス帝はあらゆる美徳を備えていただけではなく、それまで権力の座にあった皇帝の誰よりも見事に国を治めた」と讃えるほどだった。

しかしながら、あまりにも時代に恵まれなかった。平穏きわまりない幕開けだったが、やがて、戦争、洪水、飢饉《ききん》、疫病、ふたたび戦争と相つぎ、気の休まるときがなかった。そもそも文人であるマルクスが義弟ウェルスを共治帝にむかえたのも、雑多な世事を分担したかったからではないだろうか。それによって、哲学に専念する時間ができるのだから。だが、そのもくろみは脆《もろ》くもくずれ去ってしまう。

静かなときをすごすどころではなかった。ほどなく、心をかき乱す厄介な出来事がふりかかる。パルティア人が侵寇《しんこう》し、その反撃のために多大の軍事力を投入せざるをえなくなる。この戦いそのものは、幸いにも数年で勝利の結末をむかえる。そこで、トラヤヌス帝時代以降ほぼ五十年ぶりに、ローマで凱旋式が挙行された。だが、それもつかの間の喜びだった。

帰還兵たちは東方戦線から戦利品だけではなく、悪疫も運んできた。ローマ帝国内の商人たちがユーラシアの東部まで往来していたのだから、遅かれ早かれ疫病の伝来はまぬがれなかったのかもしれない。おそらく天然痘《とう》とおぼしき疫病が発生し、帝国の各地にすさまじい勢いで拡がったのである。この疫病によって多数の生命が失われ、とくに人口が密集する大都市の打撃は目をおおいたくなるほど大きかった。

やがて北方辺境でもゲルマン人の不穏な動きが目立ってきた。共治帝ともども前線にかりだされ、多忙をきわめた。このような遠征のさなかに、ウェルス帝は脳溢血《のういっけつ》で倒れ死去する。共治帝の期間は八年で終わった。

一七〇年ごろから、さらにゲルマン人の襲撃が度重なり、これらの戦いには手を焼くことになった。いわゆるマルコマンニ戦争は、のちの国内政治の在り方にも少なからず影響をおよぼすことになる。国境の戦いは防衛戦争であったから、ときには平和の代償として金銭を支払うこともあった。こうした北方での戦闘の模様は記念柱に描かれ、今日でもローマ市街にそびえたっている。この建造物はマルクス帝が自分の軍事行動を誇示しようとしたためではない。元老院とローマ市民によって皇帝の活動に感謝して建てられた贈り物であった。

拡張された版図を維持していくには、もはや問題が山積していたのかもしれない。マルクス帝治世の後半はほとんど憩う暇もなく戦場に身をおかざるをえなかった。

この北方戦線の陣中で、灯火をかかげてマルクス帝は『自省録』をつづるのである。そこには世界帝国の最高権力者の内面がギリシア語で語られている。もともとはたんに「自分のために」したためられたメモワールにすぎない。母語ではないギリシア語で記されているのも、他人に読んでもらうためではなかったからである。不自由な制約だらけの戦陣にあったのだから、もっぱら自分を慰めるための覚書であった。

『自省録』を読めば、宇宙のなかで人間として生まれてきたことをなによりも自覚せよ、という声が鳴り響く。自然のなかで生かされているということこそ、まず悟るべきなのだ。万物は自然の理法に従ってこそ生命を保つ。だが、その生命にあずかっても、偉大なるアウグストゥス帝やハドリアヌス帝ですら、やがて消え去り無に帰すときがくる。地上の最高権力者であれ乞食であれ、自然のなかではたわいもない存在にすぎない。それが生あるものの定めなのである。われわれ日本人には、かの仏教の語る無常観と重なるようなところがある。かつて釈迦《しやか》族の王侯でありながら出家して悟りを開いた仏陀と自己をみつめる高潔なローマ皇帝の間には、どこか共鳴するものがあるのかもしれない。

このような自覚がなければ、われわれはむきだしの欲望にかられてしまう。そこから無意味な功名心がめばえ、複雑きわまりない人間関係が生まれる。それは自分自身をさいなむことになりかねないのだ。人間が苦しむのは当人が愚かであることを自白しているようなもの。マルクス帝のまなざしは心の底を見透かすかのように突き刺さってくる。

さらに心得るべきは、善人であろうとすることを義務として忘れずにいることである。しばしば、性善説と性悪説とが議論されることがある。マルクス帝はそのような議論には与しないのではないだろうか。彼には、人間の生来の気質が善であろうと悪であろうと、そこには関心がない。ただひたすら善人たらんと努めることが肝要なのである。

だが、それはたんなるお人好しであることでは断じてない。他人が喜びそうなことをするだけでは、ときには悪行に手を染める羽目にもなる。金に困った友人から誘われて振りこめ詐欺の仲間になるのでは、それはお人好しの愚者でしかないのだ。善人であることは、同時に物事をまっすぐに見きわめることがともなっていなければならないのだ。

それはもっとも正しいと信じることを語り行うということでもある。ただし、そこには、他者への誠実さと思いやりがあり、礼儀正しく慎み深い態度でのぞまなければならない。正義のためだからといって、周囲の人々の心を傷つける言動をするのでは、それは愚かなる正義にすぎなくなってしまう。


筆者がマルクス帝の覚書に心を打たれるのは、ただ自分を律する高潔な精神を見出すからではない。そこには、この世にあって心豊かに生きるにはどうすべきであるかが、さりげない処世訓としてつづられているからである。

たとえば、皇帝はくりかえし言い聞かせている。他人の言動にふりまわされ、自分の頭で考えないこと。それがいかに心をかき乱すかというのである。まして、他人のことで怒ったり妬んだりするのは、もはや愚の骨頂でしかないという。

自分の人生をふりかえってみよう。ちょっとした知人の言動がやたらと気にさわること

マルクス・アウレリウス帝の騎馬像（カピトリーニ美術館）

がある。それが心を占めると、寝苦しくなることさえある。だが、そのことを気にして怒っているのは自分であるにすぎない。しかも、怒るというエネルギーは当人にかなりのストレスをかけていることになる。

また、妬みのような気持ちも同様なことになる。たとえば、身近な誰かが組織のなかで功績をあげ、特別な賞与にあずかったり、同期の同僚がいち早く昇進したりしたとしよう。そのことを素直に喜んであげられるかどうか、誰もが悩ましいところだろう。なかには嫉妬の念を燃やし、眠るに眠れない思いがする人もいるかもしれない。だが、それがいかに愚かなことであるか、マルクス帝の覚書をひもとけば、あまりにも明らかである。他人が誉められたり昇進したりすることで、自分が何を失うのだろうか。それどころか、なにも失うものがないのに、ただ煩悶《はんもん》する自分がいるだけにすぎないのである。ここでも、嫉妬の念を燃やすのは、とほうもないエネルギーの消費であり、それが心身に多大なストレスの負荷をかけていることは、もはや言うまでもないだろう。

だからこそ、マルクス帝の『自省録』が今日でも読みつがれる古典として生き残っているのである。これだけの純粋な魂があり、心を慰める精神があった。その心根を最高権力者である為政者が人生のなかで育んでいたのだ。そこにも、否そこにこそ、ローマ帝国の威容があるのではないだろうか。それはローマ帝国という成熟した文明が生み出した最高傑作の一つと言えなくもないのである。

もちろん、『自省録』は自分の覚書とはいえ、皇帝としての責任、神々とのかかわり、宇宙の理法と人生の処し方などのテーマをめぐって、ストア派の伝統にのっとっている。だが、高潔な人柄からにじみでる聡明さにあふれ、そこには宗教と道徳についての深い洞察があり、しかも肌身が温められるように感じられてならない。

『ローマ皇帝群像』のマルクス評は、そのあたりを描いてあまりある。

「ところで、彼は日常でもたいへん人が好かったため、しばしば誘われては狩猟に行き、また劇場へ足を運び、見世物にも出かけた。これとならんで、ディオゲネトゥスの指導下で絵を描くことにも没頭した。ボクシング、レスリング、競走そして捕鳥に行くことを好み、球技はたいへん上手で、狩りをやらせてもうまかった。しかし、哲学に対する情熱が、これらのことすべてから、彼を引き離したので、マルクスは真摯で威厳ある人物になった。ただ、それによって振る舞いに温かさがまったく失われるということはなく、まず身内の人々や友人たち、次いでそれほど彼と親しくない人に対しても温情に満ちていた。几帳面な人であったけれども、決してうるさ型であったわけではなく、また遠慮がちではあったが、臆病ではなかった。そして真面目な性格ではあったが、決して気むずかしい人ではなかったのである」

ネルウァ、トラヤヌス、ハドリアヌス、アントニヌス、マルクスは「五賢帝」とよばれ、その時代は「ローマの平和」の絶頂期であった。最適任者を皇帝の後継者に指名し、有為の人物が最高権力者として君臨する。これらの皇帝には実子がいなかったり、いても先立たれていたりしたこともあるが、後継者選抜の原則は踏襲されてきた。だが、世界史のなかでも類稀なほど高潔で聡明な哲人皇帝にも予測できなかった過ちがある。それは実子コンモドゥスを重んじたことである。

一八〇年、マルクス帝の逝去後、コンモドゥスが帝位に就く。おそらく息子は文人肌の父帝に反感をもっていたのかもしれない。なにしろ、英雄ヘラクレスの化身を気取り、剣闘士の恰好をして闘技場に登場するのだから、卑しく不埒な皇帝という印象はぬぐえなかった。元老院に対する敵対感情をあらわにし、気に入った人物だけを重用する。

さらには、個人の乱行だけではなく、国境の平和を援助金の支払いでごまかし、親衛隊を手なずけようとして俸給を増額する。国庫は圧迫されるばかりで、有力者の財産没収という常套手段も焼け石に水だった。あげくの果てだろうか、側室・侍従・親衛隊長らが共謀して、愚帝コンモドゥスを暗殺する。それは後世の目でながめれば、ローマ帝国が衰退する兆しでもあった。

12　歴史の宿命とローマ人

歴史をさかのぼればかぎりがなくなるが、豪奢で名をなした最初の民はペルシア人だという。それなりに贅のかぎりを尽くして大著『食卓の賢人たち』を残したギリシア人アテナイオスが書いたことだから、まんざらではあるまい。

「あらゆる人間の中で贅沢さゆえに有名になった最初の国民はペルシア人だ。王は宮廷を四つもち、冬はスサ、夏はエクバタナで過ごした。秋にはペルセポリスで過ごし、春はバビュロンで過ごした」

ペルシア王の贅沢はそれだけにかぎらない。宮廷のなかでは王も歩くのだが、行く所はどこでも絨毯《じゅうたん》が敷いてあった。王のほかは誰もその絨毯の上を歩かなかったというから、すさまじい。

王の食卓には豪華な料理が並ぶのは言うまでもない。毎日、大勢の人々が王の饗宴に招かれたという。そのために、日々、千頭もの動物が解体される。もっとも、食べ残された肉類などは警護兵や部隊兵に配られたらしい。

宮廷の贅沢は度はずれだったかもしれない。だが、多少のゆとりのある人々でも、寝台の下にも絨毯を敷き、それでやわらかな感触を楽しんだという。世に名高いペルシア絨毯は贅沢を味わう気持ちから生まれたのだ。食事にしても、たえず新しい食材が加わり、これまでにない調理法が工夫されたのだから、こたえられないわけだ。

といっても、贅沢の由来をひもとけば、ペルシア人が始祖というわけではない。もともとペルシア人は躾と忍耐でまさっていた。ペルシア人の子弟は五歳から二十歳までの教育のなかで、ひたすら「乗馬と弓術と正直」だけをたたきこまれた。ダレイオス大王はみずから優秀な騎兵であることをなによりも自慢していたのである。

しかし、いつの間にか、ペルシア人は辛苦に耐える強さをなくしてしまったという。ギリシアの作家たちは、この堕落の原因をめぐって、あれこれと詮索している。なかでも、女性と宦官《かんがん》が悪影響をおよぼしたというのが口癖だった。宮廷の子弟のなかには、野心と

英雄ヘラクレスを気取ったコンモドゥス帝の彫像（カピトリーニ美術館）

いえば快楽と無為であり、なんの苦悩もない生活しか知らなかった者もいたという。

それにしても、このような「ペルシア人の堕落」という古代の決まり文句には、ある種のオリエンタリズム（アジア蔑視観）の萌芽があるのではないだろうか。それは、たとえば、万学の祖アリストテレスの思想のなかにもひそんでいる。アジア人は独裁政に甘んじることしか知らないという。「なぜなら、異邦人はギリシア人に比べると、また、アジア人はヨーロッパ人に比べると、その本性からして奴隷的であるのだ。だから、彼らは主人に支配されることをいささかも不満に思わないし、耐え忍ぶことができるのだ」(『政治学』)

王による支配しか知らないアジア人には、そもそも国家や政治を考える力などない。だから、贅沢をおぼえると、すぐに快楽におぼれ堕落してしまう。おそらくアリストテレスの意識には「自由なるギリシア」と「隷従のアジア」という構図ができあがっていたのだろう。

十九世紀、欧米の列強が帝国主義的な植民地支配にのりだしたとき、この構図は増幅され、欧米人の意識にもしみついた。今日、それはオリエンタリズムとしてしばしば批判の的になっている。

それに同調することはたやすい。しかし、たんなる異文化世界への偏見という面だけが議論の核心ではないのだ。文明史としてみれば、いぜんとして問うべきことはある。平和になり豊かになると、なぜ人間は堕落して無為になるのか。このような問題は誰でも気づくことではあるが、それについての解決策らしきものすらない。あるわけがないとも言えるし、ないほうがいいとも言える。

しかしながら、泰平の世になれば、人が軟弱になることにことさら警戒した人々がいた。地中海世界に平和をもたらしたローマ人。その平和のなかで、ローマ人は強靭なる魂を失わないでいることに心をくだいた。

史上に名高い剣闘士競技は史上唯一の公認殺人競技でもある。そもそも剣闘士の戦いは、戦死した故人の魂を敵どうしの戦いによる血で宥めるというものだった。流された血は故人にとって滋養でもあり慰めでもあるという宗教的意味合が強かった。

とはいえ、平和の訪れとともに、剣闘士競技が見世物娯楽として楽しまれるものになる。民衆が大挙して集まれば、そのとき民衆の感情は赤裸々に露出する。これら民衆の露骨な態度に、キケロなどの識者は嫌悪感をいだいていた。だが、彼とて侮蔑の念をあからさまにできたわけではない。愚劣な民衆といえども、なおざりにすることはできないのだ。しばしばこれら衆愚の思惑が政治の動向を左右していたのだから。

だからといって、剣闘士競技そのものが無意味だと思われていたわけではない。たしかに剣闘士の見世物などは、一時の慰みにすぎないものかもしれない。だが、愚かなのは阿鼻叫喚の民衆であり、流血の見世物そのものが非難されるものではなかった。
剣闘士の見世物に注がれるまなざしにはいささか複雑な面がある。ぶざまな姿をさらすことを潔しとしない剣闘士には、称賛の声さえ聞こえてくる。
「まともな剣闘士で、呻き声をあげたり、表情を変えたりする者がいるだろうか。立っている時はもとより、倒れたのちも、いったい誰が恥ずべき姿をさらすだろうか。倒され、最後の剣を受けろと命じられて、いったい誰が首をすくめるだろうか。これが訓練、反復、経験の力である。〝薄汚くて、今の暮らし、今の地位がぴったりのサムニーテース族の男〟(サムニウム闘士の剣闘士)にそれができるとすれば、誉れのために生まれた男が、訓練と理性によって強められないほど弱い魂をもつことがあるだろうか。剣闘士たちの見世物は残忍で、非人間的だと言う者は少なくない。そして、今のあり方ではそうではないとは私にも言いきれない。しかし、罪人たちが剣を交えて戦っていた頃には、苦痛や死に対する訓練として、聴覚に訴えるものは数多くあったが、視覚に訴えるものとしては、これ以上効果的なものはなかったのである」(キケロ『トゥスクルム荘対談集』)
ここでは、剣闘士の見世物が苦痛や死に対する訓練の場として大きな効用があることが

5万人の観衆を収容したコロッセウム（現代伊語でコロッセオ）

強調されている。じっさいそのような訓練の影響はキケロ自身の態度にも見ることができる。彼はこの書をしたためてから三年後の前四三年十二月七日に刺客に殺害されてしまうのだが、そのとき彼は首をすくめたりしなかったという。

かつて前三世紀のギリシア人はローマを訪れたとき、「王者の集まりのごとき元老院」と「多頭怪獣ヒュドラのごとき民衆」と驚愕した。この素朴な印象には、われわれになじみ深い支配者と被支配者という通念では捉えきれないものが示唆されている。

民衆はもともと支配される者としてあるのではなく、そこに生きる人々、つまり住民でしかない。しかし、その住民はローマの丘に住む人々の集合体として生まれ、都市国家という体裁をとったのである。その人々の集団が、ある勢力をもちつづけるためには、まず住民の分散を防がなければならない。住民を一つの群れとして見なせば、それは日常生活のなかでは、ほとんど思いのままに動いているのである。その群れはときには予想もできない方向に行きかねない。だから、彼らを監視する必要がある。

まわりには、自然の危険が待ちかまえ、外敵の脅威がちらついている。そこから人々の群れが守られるには弱々しくあってはならないし、たえず生気を保っていなければならない。この群れをいつも生き生きとしたものにしておくこと、それが指導者の為すべき活動である。

指導者の活動は、まず住民が食糧にありつけず飢えてしまわないようにすることである。しかし、肉体の充足だけで事足りるわけではない。なによりも、これらの住民という群れが生き生きとしていることに心を配らなければならない。そのために見世物が必要なら、それを提供するのが好ましいのだ。それによって観衆としての群れが生気にあふれるのな

ポンペイにある剣闘士の営舎　円形闘技場での見世物開催前にはここに逗留して練習に励んでいた

ら、喜ばしいことである。

これらの見世物が道徳にかなっているかどうか、それは問題にならない。というのも、生き物としての人間の群れは、もともと道徳的でも非道徳的でもないのである。指導者は住民に道徳を旨に生きることを強要できるわけではない。だから、道徳的な正邪を秤として指導者が見世物を提供すべきかどうかを判断することもない。指導者が気をもむのは、人心を軟弱にするかどうかであって、道徳にかなうかどうかではないのだ。

公共の見世物でも、黙劇のような見世物は軟弱な心に訴える。だから、その種の見世物には権力にあずかる者は関与しない。そのかわりに、人心を高揚させ活発にする見世物をあたえることなら、ためらいはない。剣闘士競技の流血は観衆を武骨にすることではきわだっている。そこに目をやれば、ローマ人の軍国精神にとって、生死を賭ける戦いの見世物はことさら格好のものであった。

このような見方は、前一世紀の文人政治家キケロであっても、さらには「ローマの平和」を謳歌する二世紀の帝国官吏貴族である小プリニウスであっても、なおざりにしなかった。

ローマの為政者にとって、軟弱な人心による堕落はなによりも危惧されたことだった。たしかに、流血の見世物は非情で残忍であるとして非難されるところもある。だが、そこには血を恐れず死にもひるまない強靭な魂が鍛えられるという思惑がひそんでいた。観点をかえれば、それは歴史の宿命への挑戦でもあった。世界史のなかで、類稀なる平和と繁栄を生み出したローマ帝国であったが、さりとてそこにも凋落の影は着実にしのびよる。

二世紀末から始まるセウェルス朝(一九三〜二三五年)は伝統的秩序に重きをおかず、軍人への優遇に努め、皇帝と軍隊の結びつきは強まるばかりだった。二一二年、カラカラ浴場で名高い皇帝の治世に、帝国領土内の全自由民にローマ市民権があたえられる。それはある意味で世界帝国の成熟を象徴する出来事だった。それにもかかわらず、たまたま兵士への配慮を怠ったばかりに暗殺の憂き目をみる皇帝がおり、セウェルス朝も滅んでしまう。

二三五年のマクシミヌスの即位に始まり、二八四年のディオクレティアヌス帝の登位をもって終わる半世紀は混迷の時代である。世に「軍人皇帝の時代」とも「三世紀の危機」ともよばれている。この期間に、正統な皇帝と見なされた者だけでも二十六人を数える。そのうち、二十四人は殺されたり戦場の刃に倒れたりした。こうした公認の皇帝に加えて、共同統治者たる副帝三人、地方の勢力にかつぎ出された自称皇帝四十一人を考慮すると、じつに半世紀間に総計七十人の皇帝が出現したのである。もちろん、そのほとんどが軍人であり、兵士たちに擁立され、味方の兵士の手で、あるいは政敵の軍隊の刃で殺されたのである。

帝国内の大混乱のなかで、民衆の間にも危機の意識が広がる。人々は不安におののき、もはや八百万の神々は頼りなく、信ずべき規範を見失っていった。そのようななかで、イシス、ミトラス、キュベレ、デメテル、バッカスなどの東方起源の神々を崇拝する密儀宗教が広く受容され、個人の救済を願う人々の信仰となる。キリスト教もこのような東方起源の宗教の一つとして普及していったのである。しかし、三世紀半ばにいたるまで、ローマ帝国がキリスト教を一つの宗教として認知するという事態は、きわめて稀な偶然の出来事でしかなかった。

このような時代には、多種多様な宗教が混在し、融合したり離反したりしており、それはシンクレティズム(習合)とよばれる。オリエント・ギリシア系の密儀宗教や終末論・黙示録の思索、支配者崇拝などには新時代を予知する力がひそんでいた。それは救済への希望と約束であり、恐るべき運命の力に支配されてきた人間にとって、解放の福音であった。三世紀は、一方では混乱と危機の時代であったが、他方では人々の考え方や生き方における変革の頂点をきわめる時代でもあったといえる。このような不安な風潮のなかでキリスト教が拡大していくのだった。

われわれ日本人の多くにとって、キリスト教はなじみが薄い。とってつけたような結婚式とクリスマスがあるだけだ。人口の一％以下しかキリスト教徒がいないのだから当然でもある。ところが、お隣の韓国ではキリスト教徒の数はもはや三割を超えるという。それも戦後六十年間で急激に増えたのだから、只事ではない。この現象について、どのように考えればいいのだろうか。

そもそもキリスト教が生まれたローマ帝国にあっても、最初の二百年間はかすかに増えていたにすぎず、ほんの一％にも満たなかっただろう。三世紀半ばから六十年ほどの間に急激に広まり、帝国住民の一割にあたる五百万～六百万人になったという。それはもはや新しい時代の到来であった。

十六世紀の宗教改革の時代にも、同じような現象がある。フランスでユグノー（改革派）の教会は驚くべき速さで増えている。一五五五年以前には一つもなかったのに五九年には千を超える教会が設立されていた。

同じ十六世紀半ばにカトリックのイエズス会の宣教師ザビエルが日本にたどり着く。それから半世紀後には信徒は三十万人を数えたとされる。八百万の神仏を奉じた国であるから、すさまじいばかりの一神教の拡大である。それからはバテレン追放令と禁教政策で潜伏キリシタンの時代がつづいた。

それにしても、一神教であるキリスト教が急激に拡大する背景にはなにがひそんでいたのだろうか。三世紀の軍人皇帝時代も、十六世紀の宗教改革時代も、日本の戦国時代も人々の不安がつのる乱世であった。

それにのっとれば、朝鮮戦争をひきずった韓国は、平穏な日本に比べて、乱世に近いものがあったのだろうか。それとも心の底に流れる伝統文化の差異に根ざすものだろうか。キリスト教という尺度は彼我の心象風景の陰影をのぞかせてくれているかのようだ。

たしかに、剣闘士競技という見世物は、人心の軟弱化を回避しようとする空前絶後の試みだったかもしれない。しかし、それもまた平和のなかの堕落という歴史の宿命をまぬがれることはできなかった。三世紀の不穏な混乱のなかで人心を一新させる動きは神々に代わって唯一神をあがめる人々が担ったのであろうか。ローマ人からわれわれは多くのことを学ぶことができる。だが、歴史の宿命に対しては、ローマ人ももはや教える術をもたなかったかのようである。

おわりに

どんなに楽天家でも、この世に住むかぎり、行く末の彼方を見据えておきたいときがある。地球規模の近未来を憂える気分にもなると、ときには若い世代の意見にも耳を傾けたくなる。

中国系アメリカ人エイミー・チュアは、有史以来の最強国《ハイパーパワー》がいかにして興隆し、やがて衰退していったかを執拗に探究する（『最強国の条件』）。だが、彼女の議論はいたって単純明快である。

ペルシア帝国、ローマ帝国、唐帝国、大モンゴル帝国、オランダの世界覇権、オスマン帝国、明帝国、ムガール帝国、そして大英帝国のいずれをとりあげても、その興隆期には寛容さがあり、それぞれの言語、宗教、法慣習、通商などで征服者の流儀を強要することはなかった。そのために出身地を問わず出世できたし、人材が集まるというのである。

最強国の典型ともいえるローマ帝国では、征服された民もローマ文化に吸収同化されてしまう。ガリア人もいつのまにかズボンをはかなくなり、長寛衣《トーガ》を着用してラテン語を口にする。さらに、自由民のすべてをローマ市民として受け入れる。これらの絆のおかげで、ローマ帝国は驚くべき持続力を有したのである。

逆に、遊牧民をはじめ蛮夷の民を寛容に迎え入れた唐朝の中華帝国だが、市民権の観念はなく、持続する絆を生み出すにはいたらなかったという。

大英帝国は、統治の要をローマ人から学んだらしい。ユダヤ教徒もカルヴァン派のユグノーもスコットランド人も迎え入れ、そのおかげもあって連合王国は七つの海の覇権をにぎった。

二十世紀になって、移民国家アメリカはまぎれもない最強国になった。だが、昨今、その覇権はゆらぎつつある。ソ連の崩壊以来、独断専行が目だち、国外の反米感情に対処できないでいる。アメリカは、信頼を回復し、ふたたび優れた人材が集まる磁場になりうるのか。今や、試練の時をむかえている。

ところで、私は一九八〇年代半ばから、夏の休暇はほとんどロンドンで過ごした。そこで感じたことは、イギリス人は保守的であるが、良いものがあればなんでも採り入れようとするところだ。出自、国籍、身分や階級がどうあれ、良いものはどんどん受け入れていく。

イギリス人がそんなふうに見えてくると、その姿勢はやはりどこかローマ人と似かよって映る。イギリス人はインド支配においても、インド人に英語を強要するわけではなかった。それよりも、英語を知っていると得をするぞと匂わせるのである。この手口はローマ人が征服地の人々にラテン語を強要しなかったのとたしかに似ている。

戦前・戦中の日本が植民地を支配したときは、それとは逆だった。当時の指導者層がローマ史を学んでいれば、事情はかなり異なっていたかもしれない。そんな夢想も浮かんでくる。それとは反対に、おそらく十七、十八世紀の興隆期のイギリスでは、教育システムのなかでローマ史を学ぶ機会がかなり多かったのではないだろうか。

その大英帝国を担ったイギリス人の経験が、二十世紀になると、アメリカの覇権に連なってくる。同じ英語圏にある国だから、情報の伝達の範囲において格段の差異があったにちがいない。「ドーヴァー海峡は大西洋よりも広い」と言われる由縁でもある。様々な国々からの移民を受け入れながら、そこで起こる諸問題をいかに処理するのか、その点についてイギリス人が培ったノウハウをアメリカ人は受け継いでいるのだ。

しばしばアメリカの覇権はローマ帝国と比較されることがある。もし大英帝国を築いたイギリス人の経験がなかったならば、最強国アメリカもあれほどの覇権をもつにはいたらなかったのではないだろうか。つまり、ローマ人の教訓はイギリス人を通じてアメリカ人の心に伝わったものもあるだろう。

それにしても、ローマ人の歴史にはなんでもありなのだ。まさしくローマ史は歴史の実験場といってもよい。君主政も共和政も民主政も衆愚政もあり、革命もクーデターもテロもなんでもありなのだ。その興亡史は起承転結がはっきりしており、話題はくめども尽きない。

本書ではふれられなかったが、興味津々たることはいっぱいある。暴君といえば、カリグラ帝かネロ帝が思い浮かぶだろう。しかし、愚劣さではそれに優るとも劣らない人材にも事欠かないのだ。たとえば、男あさりをする女装の皇帝エラガバルス。あげくの果てに

「ふしだらな女」と噂されることを好んだというから、空いた口がふさがらない。もはや皇帝の権威などあったものではない。

そのローマ人が父祖代々「権威をもって統治せよ」と語るのだから、いやはや一筋縄ではいかない。しかし、だからこそ、ローマ人から学ぶことは少なくないのではないだろうか。

若いころ、私もご多分にもれず深遠な思想や哲学の本を読んだことがある。といっても、やはりご多分にもれず、それらのほとんどを理解できなかった。それとともに、おのれの能力のなさと頭の悪さを嘆いたものだった。しかし、時が経ってみると、それらの思想や哲学を理解するには、ある種の才知やひらめきが必要であることがわかった気がする。もともと凡人には思想や哲学の極みに達することなどできないのだ。

そのかわり、過去の出来事をつづった歴史書なら、年を重ねるにつれて理解度が増してくるのがわかる。歴史書を読む場合には、才知やひらめきよりも、経験と蓄積がものをいうのだ。だから、みずからを賢者と思われる御仁ならともかく、凡人と自覚される方々には、歴史の本がお薦めなのである。

昨今、しばしば学力の低下や教養の衰退について耳にするが、教養の核になるのはなによりも人類の経験であるはずだ。それには歴史のなかの人物について学ぶのが常道ではないだろうか。今や地球規模において知の地殻変動が生起しているのだから、世界史をふりかえるのはごく自然のことではないだろうか。その世界史の舞台のなかでも、とびきり上等な起承転結を好演した人々がいる。それがローマ人であった。

主要参考文献（邦訳史料は利用したが、筆者が都合により訳を変えた部分もある）

＊
アテナイオス『食卓の賢人たち』全五巻（柳沼重剛訳）京都大学学術出版会
アリストテレス『政治学』（山本光雄訳）岩波文庫
アリストパネス「雲」（田中美知太郎訳）『ギリシア喜劇全集Ⅰ』人文書院
カエサル『内乱記』（国原吉之助訳）講談社学術文庫
カエサル『ガリア戦記』（国原吉之助訳）講談社学術文庫／『ガリア戦記』（近山金次訳）岩波文庫
『キケロー選集』全十六巻　岩波書店
サルスティウス「カエサルへの提言」（『西洋古代史料集』東京大学出版会所収）
スエトニウス『ローマ皇帝伝』上下（国原吉之助訳）岩波文庫
セネカ『道徳論集（全）』（茂手木元蔵訳）東海大学出版会
セネカ『道徳書簡集（全）』（茂手木元蔵訳）東海大学出版会
タキトゥス『年代記』上下（国原吉之助訳）岩波文庫
タキトゥス『同時代史』（国原吉之助訳）筑摩書房
テオプラストス『人さまざま』（森進一訳）岩波文庫
プラトン『国家』全二冊（藤沢令夫訳）岩波文庫
『プリニウス書簡集』（国原吉之助訳）講談社学術文庫
『プリニウスの博物誌』全三巻（中野定雄ほか訳）雄山閣

プルタルコス『英雄伝』1・2・3（柳沼重剛訳）京都大学学術出版会／プルターク『英雄伝』全12巻（河野与一訳）岩波文庫

ペトロニウス『サテュリコン』（国原吉之助訳）岩波文庫

『ホラティウス全集』（鈴木一郎訳）玉川大学出版部

ポリュビオス『歴史』1・2・3（城江良和 訳）京都大学学術出版会／『世界史』Ⅰ・Ⅱ・Ⅲ（竹島俊之訳）龍溪書舎

『マールティアーリスのエピグランマタ（上）（下）』（藤井昇訳）慶應義塾大学言語文化研究所

ユウェナーリス『サトゥラェ　諷刺詩』（藤井昇訳）日中出版

『ラテン碑文集成』（CIL = *Corpus Inscriptionum Latinarum*）

『ラテン歌唱墓碑集』（B = F.Bucheler, *Carmina Latina Epigraphica*）

リウィウス『ローマ建国以来の歴史1』（岩谷智訳）『同3』（毛利晶訳）京都大学学術出版会）／リーウィウス『ローマ建国史（上）』（鈴木一州訳）岩波文庫

『ローマ皇帝群像』1・2・3（南川高志ほか訳）京都大学学術出版会

『ローマ恋愛詩人集』（中山恒夫編訳）国文社

*

ギボン『ローマ帝国衰亡史』全十巻（中野好夫・朱牟田夏雄・中野好之訳）ちくま学芸文庫／『図説ローマ帝国衰亡史』（吉村忠典・後藤篤子訳）東京書籍

『後漢書』第十冊　列伝八（吉川忠夫訓注）岩波書店

『三国志』全八冊（小川環樹・金田純一郎訳）岩波文庫

『中国の古典 孫子』（浅野裕一編訳）講談社
ニーチェ『ツァラトストラはこう言った』（水上英廣訳）岩波文庫
マキァヴェッリ『ディスコルシ「ローマ史」論』（永井三明訳）ちくま学芸文庫
モンテスキュー『ローマ人盛衰原因論』（田中治男・栗田伸子訳）岩波文庫
ルソー『エミール』全三冊（今野一雄訳）岩波文庫
*

青柳正規『皇帝たちの都ローマ』中公新書
同 『ローマ帝国』岩波ジュニア新書
A・アンジェラ『古代ローマ人の24時間―よみがえる帝都ローマの民衆生活』（関口英子訳）河出書房新社
G・フェレーロ&C・バルバガッロ『古代ローマ一千年史』（伊手健一監訳）騎虎書房
R・サイム『ローマ革命』*The Roman Revolution*. Oxford 1939.
桜井万里子・本村凌二『世界の歴史5 ギリシアとローマ』中公文庫
塩野七生『ローマ人の物語』全十五巻（文庫版 全四十四巻）新潮社
島田誠『コロッセウムからよむローマ帝国』講談社
新保良明『ローマ帝国愚帝列伝』講談社
C・スカー『ローマ皇帝歴代誌』（青柳正規監修 月村澄枝訳）創元社
松本宣郎『ガリラヤからローマへ―地中海世界をかえたキリスト教徒』山川出版社
P・マティザック『古代ローマ歴代誌―七人の王と共和政期の指導者たち』（本村凌二監修 東真理子訳）創元社

南川高志『ローマ五賢帝』講談社学術新書
本村凌二『ローマ人の愛と性』講談社現代新書
同　『興亡の世界史04　地中海世界とローマ帝国』講談社
同　『古代ポンペイの日常生活』講談社学術文庫
同　『帝国を魅せる剣闘士―血と汗のローマ社会史』山川出版社
モムゼン『ローマの歴史』全四巻（長谷川博隆訳）名古屋大学出版会
M・ロストフツェフ『ローマ帝国社会経済史』上下（坂口明訳）東洋経済新報社

初出／「青春と読書」二〇一〇年二月号～二〇一一年三月号
＊本文写真／著者（下記以外）、大清水裕（四五、一五三、一五九右頁）、
中川亜希（五七、一五九左頁）

本村凌二（もとむら りょうじ）

一九四七年生まれ。東京大学大学院総合文化研究科・教養学部教授。東京大学大学院人文科学研究科博士課程修了。博士（文学）。『薄闇のローマ世界』（東京大学出版会）でサントリー学芸賞、『馬の世界史』（講談社現代新書）でJRA賞馬事文化賞、一連の研究・編集活動で地中海学会賞を受賞。主な著書に『多神教と一神教』（岩波新書）、『ローマ人の愛と性』（講談社現代新書）、『興亡の世界史4　地中海世界とローマ帝国』（講談社）、『古代ポンペイの日常生活』（講談社学術文庫）、『帝国を魅せる剣闘士』（山川出版社）など。

ローマ人《じん》に学《まな》ぶ

二〇一二年一月二二日　第一刷発行

集英社新書〇六二七D

著者……本村凌二《もとむらりょうじ》

発行者……館　孝太郎

発行所……株式会社集英社

東京都千代田区一ツ橋二-五-一〇　郵便番号一〇一-八〇五〇

電話　〇三-三二三〇-六三九一（編集部）

〇三-三二三〇-六三九三（販売部）

〇三-三二三〇-六〇八〇（読者係）

装幀……原　研哉

印刷所……大日本印刷株式会社　凸版印刷株式会社

製本所……ナショナル製本協同組合

定価はカバーに表示してあります。

ISBN 978-4-08-720627-2 C0222

Printed in Japan

a pilot of wisdom